Value-orientation in Fundamental Education Polices in Contemporary China:
A Perspective of the Policy Ecology

新中国基础教育政策价值取向演变

⇄ 政策生态学视角

杨志成 著

教育科学出版社

·北京·

教育政策研究的历史观、价值观和生态观

　　教育政策研究就是要探寻其制定和执行的一般规律。多年的教育实践告诉我，教育政策是一定历史条件下的产物，是价值选择的结果，是具有生态系统逻辑的决策和执行过程。在教育实践中，我不断感悟教育政策的本真和规律，这种思考在我的博士研究生学习过程中，进一步锻造升华，逐步形成了我对教育政策研究的历史观、价值观和生态观。这也正是我关于新中国基础教育政策研究的"框架"。

关于教育政策研究的历史观

　　政策是政府调整资源的政治措施和政治行为，伴随政府政治意图的发展而发展，因此具有历史性特征。任何政策的生成都不能脱离当时的历史背景。反过来，关于政策历史发展的研究也有利于厘清政策发展路径，为政策的现时决策和未来分析奠定基础、找到依据。教育政策的研究也同样不能脱离历史视角，仅从政策本身进行分析和研究。在基础教育实践的过程中，我们每天都在面对基础教育政策的贯彻执行。缺少历史观的政策执行往往会具有盲目性，缺少科学性。绝大多数政策制定者和执行者都会自觉地对政策设计的相关历史进行调研，从而找到新的教育政策的历史逻辑，使当前的教育政策建立在历史逻辑基础上，避免"走回头路"、"做无用功"。关于新中国基础教育政策价值取向的研究，就是建立在历史观基础上，其目的是从历史逻辑的角度厘清我国基础教育的发展阶段、价值取向和历史任务，从而为当前我国基础教育政策的决策者和执行者提供历史研究的依据。

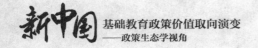
关于教育政策研究的价值观

政策研究从根本上说是政治学研究，脱离不了相关哲学基础的研究。政策的本质属性是政策制定者价值取向的政治性表达，因此政策研究的最直接哲学基础就是价值论基础。本研究的基本对象之一就是基础教育政策价值取向。研究基础教育政策的价值问题，就是要从哲学逻辑层面厘清基础教育政策的价值本质和价值类型，从而帮助政策制定者和执行者明晰政策价值关系。在前人研究的基础上，我从教育哲学和人的价值哲学角度出发，建构了教育价值分类系统。教育价值分类系统为本研究的教育政策价值逻辑奠定了理论基础。

关于教育政策研究的生态观

政策制定也是决策和抉择的过程。因此，政策的制定和执行是在多种价值选择中的价值平衡。政策制定和执行犹如在一个政策的生态系统之中进行价值选择和价值平衡。基于此，我提出了政策生态学的分析模型和分析方法。这就是教育政策研究的生态观。这一提法有前人相关研究的基础，但要系统构建新中国基础教育政策的生态系统模型，还需要进一步发展和完善。生物学理论基础支持了这个大胆的跨学科分析方法研究，为我顺利建构新中国基础教育政策生态系统分析模型提供了理论帮助。当用这一分析模型对新中国基础教育政策价值取向演变进行原因分析时，各个时期的教育政策价值取向的形成和演变成为自然的竞争、选择和平衡的结果。这一分析模型也为当前和未来教育政策的制定和执行提供了科学分析的框架，成为一个相对简便的政策分析工具。

以上是本研究的理论基础和思维框架，也是本书的基本逻辑体系。本书始终围绕着新中国基础教育政策的历史逻辑、价值逻辑和生态系统逻辑进行分析。本书的读者可以遵循这三个逻辑进行阅读。第一章为读者详细介绍了本研究的理论基础和分析框架。建议在阅读本章的基础上阅读其他章节。第二章和第三章是以历史逻辑为主要脉络，以价值逻辑为辅助脉络的研究，分别从总体上和分阶段对新中国基础教育政策价值取向进行了描述性分析。第四章和第五章从政策生态系统分析的视角研究新中国基础教育政策形成的价值和影响因素，以及演变的机理。这两章既是对第二章和第三章研究结果的进一步分析和证明，也是对其进一步的发展，使新中国基础教育政策价值取向研究不是停留在"是什么"的层面，还要探究其"为什么"，形成了理论研究的逻辑闭环。第六章是在以上研究基础上，提出对基础教育政策未来发展的建议。结语是对整体研究的总结和提炼。此外，在本研究的过程中，我还就当前我国提出的义务教育均衡发展问题进行了实证研究。这一研究成果作为附录，归于结语之后，以期为感兴趣的政策研究者提供参考。

杨志成

2014 年 8 月

目　录

基础教育政策价值取向演变
——政策生态学视角

导 论

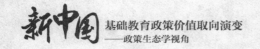
■ 第一节　问题的提出

教育政策对于一名普通的公民来说，听起来好似遥远。然而，当你曾经作为学生走进一所学校的时候，你已经成为入学政策执行的一个对象；当你取得学籍，获得学校注册的时候，你已经成为国家教育体系中的一员；当你坐在课堂聆听教师讲课，翻开书本学习知识的时候，你已经成为国家课程与教材政策的实施对象，正在按照国家设计的人才培养体系成长，也正在成为国家教师政策的实施对象，享受着一名获得了国家教师资格认可的教师授课。也许你是一名家长，你更加纠结于国家和地方的入学政策，你在系统研究入学、升学政策的过程中，做着艰难的选择判断，努力为自己的孩子选择一所理想的学校，填报一个理想的专业志愿，你是入学、升学政策的实施对象。也许你是一名教育工作者，你有幸经过师范大学的培养，最终走进学校成为一名光荣的人民教师，从你入职的第一天起，你就要了解国家教师发展的相关政策，了解国家教育人事政策，了解课程和教学政策，了解学校的相关管理政策，你要履行教育政策对教师提出的要求，也要根据政策要求规划个人专业发展路径，努力成为一名卓越的教师。如果你通过努力，得到组织和教师们的认可，成为一名学校管理者，成为校长，那么你每天都必须有教育政策的意识，在教育政策体系内思考工作，引领学校发展。如果你和我一样，又成为一名教育行政部门的管理者，那么你更离不开教育政策，你的所有工作都可以概括为一个词汇——"政策执行"。如果你成为国家教育行政部门的领导或工作人员，那么你的工作就与教育政策关系更加紧密，你的一句话或一份文件、一个批示可能改变一群人的命运，你的工作也可以概括为一个词汇——"政策制定"。综上所述，我们每个人与教育政策都密切相连。

教育政策涉及千家万户，影响千秋万代，因此教育政策制定与执行是一个艰难的过程。

在教育政策制定、教育政策执行的过程中，把握教育政策最核心的价值选择，最大程度地兼顾各方利益，实现教育政策价值选择的最大公约数，这是一个永恒的难题。本书就是以这样的问题为逻辑起点，以新中国基础教育政策价值取向为研究问题的理论探索。

一、研究背景

2010 年 7 月，我国召开了新世纪以来第一次全国教育工作会议，这也是改革开放以来第四次全国教育工作会议，发布了《国家中长期教育改革和发展规划纲要（2010—2020 年）》，标志着我国教育进入新的历史阶段，这就是由人力资源大国向人力资源强国发展的新的历史阶段。新中国成立以来，我国的教育发展取得了巨大成就。这些成就在很大程度上表现为教育政策不断发展和完善。对新中国教育政策发展的研究有利于从教育政策发展史的角度探索规律，为未来教育政策的制定和实施提供实践和理论的借鉴。

2013 年 11 月，十八届三中全会召开，发布了《中共中央关于全面深化改革若干重大问题的决定》，提出了推进国家治理体系和治理能力现代化的战略目标。政策是国家治理体系的核心载体和手段。教育政策是国家教育治理的核心载体和手段。对教育政策的研究就是对国家教育治理核心载体的研究。对教育政策发展的研究有利于在提升国家教育治理体系和治理能力现代化水平的过程中厘清教育治理的历史逻辑，也有利于进一步厘清教育政策制定和实施的理论逻辑。

基础教育是国民教育的基础。基础教育政策是国家公共政策的重要组成部分，涉及千家万户的切身利益，关系到国家未来人才培养的方向和质量。因此，基础教育政策是各国教育政策中最重要、最敏感、最具公共影响力的政策领域。新中国基础教育政策经历了几个阶段的

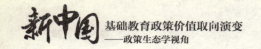

发展，日趋完善和系统。但当前我国基础教育领域还存在很多亟待解决的热点、难点和重点问题，如择校问题、学生减负问题、义务教育均衡发展问题等。这些问题在很大程度上体现出教育政策的有效性、实效性问题。因此，对新中国基础教育政策的历史性研究，有利于从发展的角度发现基础教育政策制定、实施和发展的规律，有利于从教育政策的规律入手，探索解决当前教育热点、难点、重点问题的有效办法，有利于为未来基础教育政策的制定和实施提供借鉴。

教育政策的研究涉及政策制定与决策、政策实施、政策分析评价等方面。政策制定与决策是教育政策形成的基础与核心。政策的制定本质上是国家政府部门或立法机关对政策事务或政治问题的一种价值选择。教育政策的制定和决策就是政府或立法机关对教育事务和教育问题的一种价值选择。价值选择在政策文件和政策实施中表现为国家决策机构对教育发展方向和教育利益分配的价值取向。教育政策的变化与发展也是国家教育政策价值取向变化与发展的体现。教育政策所表现出的价值取向是多种利益群体价值取向在政策制定过程中相互作用的最终结果，是政策制定与决策机构对各种教育价值冲突选择与平衡的结果。新中国基础教育政策的发展过程是国家对教育利益群体价值取向选择和调整的过程。当前人们所关注的教育的平等与效率问题、教育的公益性与营利性问题、大众教育与精英教育问题、素质教育与应试教育问题，等等，这些问题归根结蒂是教育公共政策的价值取向问题。

政策是在国家政治、经济、文化、社会等综合环境影响下制定和实施的。在诸多对教育政策研究的论著中，多是以教育经济学视角、社会学视角、教育学视角、法学视角和公共管理学视角分析教育政策问题，鲜见运用政策系统论及政策生态视角研究基础教育政策的价值取向、适用性和实效性问题。运用政策生态系统分析新中国成立以来基础教育政策的价值取向和实践效果，有利于科学系统地分析政策，有利于丰富基础教育政策制定、有效实施和政策分析的方法和工具。

21世纪以来，我国一些研究者已经开始以政策价值取向为政策研究的内容。这些研究中以刘复兴的《教育政策的价值分析》和祁型雨的《超越利益之争——教育政策的价值研究》为相对系统的研究教育政策价值问题的著作。针对新中国基础教育政策价值取向的研究也有一些研究论文发表。研究者们对基础教育政策价值的研究主要侧重于国家宏观政策的价值取向及其描述，缺少对政策形成过程中，政策系统内部因素与外部环境因素利益关系及其价值取向的综合分析和分类分析；缺少对基础教育政策价值取向历史纵向与系统横向的动态交叉比较研究；缺少对基础教育政策系统内外利益群体和影响因素的价值取向系统和教育政策决策系统的立体整合研究；对基于基础教育政策史学的经验借鉴和未来基础教育政策制定与实施的发展建议较少论述。本书将在此前研究基础上，以政策生态学为研究视角，深入系统地就基础教育政策价值取向及其分类、系统和发展规律进行探索，以期对当前和未来基础教育政策的制定和实施提供借鉴。

二、研究目的与价值

新中国基础教育政策价值取向研究是基于新中国教育史研究的基础教育政策分析研究，政策分析的核心对象是政策的价值取向。以政策生态学为研究视角是对政策分析方法的进一步界定与发展。研究的主要目的是：

第一，从政治学和教育史角度分析新中国基础教育政策发展的历史阶段及其规律。新中国成立以来，基础教育政策伴随国家总体政策发展而发展。从政治学和教育史的角度对国家基础教育政策进行梳理，是对国家教育政策进行研究的一种视角。从新中国基础教育政策发展过程可以探寻基础教育政策制定和执行的一般规律。

第二，从政策分析角度分析新中国基础教育政策的生态系统及其规律。政策制定是多种利益兼顾、多种价值平衡的结果。政策制定和执行是政策生态系统作用的结果。通过建立基础教育政策生态系统分析模型，可以探寻政策制定和执行的生态规律。

第三，从价值哲学角度分析新中国基础教育政策演变的价值取向及其规律。价值选择是政策制定的本质核心。教育政策的价值选择结果表现为教育政策的价值取向。教育价值的分类及其逻辑关系是教育政策价值选择的基础。教育政策制定和执行过程应注重各种教育价值的有效平衡，找到价值竞争的平衡点，从而使教育政策实现价值最大化。

第四，从政策实施角度，运用以上规律，对基础教育政策制定和执行提出建议。历史研究的目的是以史为鉴，政策生态系统分析模型的建立是为了更好地指引未来，因此本研究在前述分析的基础上，提出政策制定和执行的建议，对未来基础教育政策制定、执行和分析提供分析工具。

本研究在新中国基础教育政策史、基础教育政策分析和政策制定与实施方面均有一定的理论和实践价值。

（一）理论价值

本研究的理论价值主要体现在以下三方面：

一是系统总结并分析了新中国基础教育政策体系的阶段性演变及其价值取向，丰富了新中国基础教育政策历史研究（见第二章、第三章）。

二是基础教育政策制定和实施受各种政治、经济、文化、社会等因素制约，本研究基于这种相互制约关系构建了一种政策制定和实施的政策生态系统分析模型，为政策分析提供了新的视角和方法（见第一章、第四章、第五章）。

三是基于教育学基本原理和价值哲学基础理论，构建了教育价值分类系统，这是对教育政策价值分类的理论丰富（见第一章）。

（二）实践价值

本研究的实践价值主要体现在以下两方面：

一是在新中国基础教育政策生态和价值取向的历史研究中获得了启示（见第六章和结语）。

二是对影响新中国基础教育政策价值取向的因素及基础教育政策生态的分析，为基础教育政策的制定、实施和发展提供了理论参考（见第六章）。

■ 第二节　研究设计

一、目标与内容

本研究的目标与内容包括：

第一，从教育史的角度梳理新中国基础教育政策发展史及其阶段特征（见第二章、第三章）。

第二，从政策分析角度，基于政策生态学视角，探索建立新中国基础教育政策生态系统分析模型（见第一章、第四章）。

第三，从价值哲学的角度，探索建立新中国基础教育政策的价值分类系统（见第一章）。

第四，运用新中国基础教育政策生态系统分析模型和价值分类系统，分析新中国基础教育政策价值取向演变及其影响因素（见第四章、第五章）。

第五，运用新中国基础教育政策生态系统分析模型和价值分类系统，对未来基础教育政策制定和实施提出建议（见第六章）。

二、研究假设

本研究是基于以下理论和实践假设开展的。

首先，新中国基础教育政策发展具有阶段性规律。这一规律的核心内在原因和外在表象为基础教育政策的价值取向演变。

其次，基础教育政策制定和实施受多方面因素影响，这些影响因素构成了基础教育政策生态系统，这一系统与自然科学中的生态系统具有相似的结构，可借鉴和迁移生态系统理论分析政策生态系统的结构和功能。

再次，基础教育政策价值取向是基于政策生态系统中各组成成分的价值冲突和平衡形成的。

最后，借鉴价值哲学价值分类系统和教育学理论，政策生态系统各组成成分的价值取向具有多元层级分类，构成了教育价值分类系统。

三、研究方法

本研究是基于新中国基础教育政策史的基础教育政策分析研究。政策分析的核心对象是政策的价值取向。以政策生态学为研究视角是对政策分析方法的进一步界定与发展。本研究涉及政治学、行政学、历史学、教育学、政策分析理论、价值哲学理论、教育政策理论、教育管理学等多学科知识，此外还要借鉴自然科学中的生态学、进化论等理论和方法。

在新中国基础教育政策发展研究上，主要运用政治学、历史学研究方法，包括文献分析、调查法等。

在新中国基础教育政策生态系统的模型构建上，主要运用政治学、行政学、政策分析等理论和方法，并借鉴和迁移生态学、进化论的分析方法，如归纳法等。

在新中国基础教育政策价值分类系统的构建上，主要运用价值哲学价值分类系统和教育学理论及方法，如演绎法等。

四、研究的创新点

本研究的创新点包括：

第一，提出并完善了基于政策生态学的新中国基础教育政策分析模型。基础教育政策制定和实施受政治、社会、经济、文化等因素制约，基于这种相互制约关系构建一种政策制定和实施的生态系统分析模型，为政策分析提供了新的视角和方法。

第二，提出并完善了教育价值分类系统。本文通过借鉴价值哲学和教育学的理论，提炼形成教育价值分类系统，为新中国基础教育政策价值取向研究提供了价值分类基础。

第三，基于历史学、价值分类与政策生态学视角，对新中国不同发展时期基础教育政策价值取向及其影响因素进行了跨学科综合分析，丰富了新中国基础教育政策分析的成果。

■ 第三节 概念界定及文献综述

一、关于教育政策

教育政策的概念是仁者见仁，智者见智。刘复兴（2003a）[7-9]认为教育政策是政策主体控制教育资源、追求教育利益的一种活动。教育政策应该是一个动态过程，是一个不断解决在教育实践活动中出现的问题的过程，一个不断对已经运行的政策进行补充和修正的过程，一个不断在特定时期为实现特定的教育发展目标和任务而做出的关于教育的决策的过程。

教育政策是有关教育的政治措施。教育政策的制定和实施本身既是一种重要的政治行为，同时又是各种政治行为综合影响的产物。它从根本上反映了统治阶级的教育愿望、价值取向和要求。教育政策之所以是一种重要的政治措施，关键是由教育政策作为一种阶级意志的基本表达形式这一性质所决定的。教育政策也是有关教育的权利和利益分配的具体体现。

为实现教育政策目标和任务所采取的方法和措施，称为教育政策手段。在我国，教育政策手段一般有行政手段、财政手段和货币手段。

教育政策的作用是指教育政策对教育活动所发挥的效力。教育政策的作用是客观存在的，同时也是主观追求的。借鉴政策科学与法理学有关政策功能的论述，可把教育政策一般作用概括为：导向作用、协调作用、控制作用、规范作用。

教育政策体系，从广义上讲，它包括一个国家教育改革与发展所需要的所有教育政策，是由国家针对影响教育改革与发展方方面面的问题而制定的。一般借用政策的分类方法，将教育政策分成总政策、基本政策和具体政策三个层次。黄明东（2007）根据其所要解决的问题对教育政策体系进行了 11 项划分，分别是：教育体制政策、教育质量政策、教育经费政策、教育人事政策、国家学制政策、课程与教学政策、学历与学位政策、教师教育政策、考试与评价政策、招生与就业指导政策、学校语言文字政策。刘复兴（2003b）从教育政策价值主体、价值客体和教育政策活动属性分析，把教育政策问题分为六个方面，分别是：国家教育权力分配问题、受教育权利分配问题、受教育机会分配问题、教育制度安排问题、教育物质资源与人力资源的配置问题、教育组织与个人的教育活动问题。

本研究的对象是新中国成立以来的基础教育政策，主要时间跨度为 1949 年 10 月至 2013 年 10 月。在政策表现形式上，本研究所指的教育政策是对教育发展产生影响的政府文件及其相关行为的总称。文件形式主要包括：法律、法规、会议决定和行政性文件等。在新中国基础教育政策的研究分类上，本研究综合了美国学者弗兰德·S. 库姆斯（Flender S. Coombs）（转引自那格尔，1990）[447-450]、我国学者黄明东和刘复兴的分类方法，重点研究以下基础教育政策内容：一是关于新中国基础教育权力和责任分配问题，主要包括基础教育权责分配政策、基础教育体制政策、基础教育行政管理政策、基础教育经费政策、基础教育人力资源政策等；二是关于新中国基础教育受教育权利和机会分配问题，主要包括招生政策、升学政策、学制政策等；三是关于新中国基础教育目标、课程与教学及教育质量评价制度。以上三个领域的基础教育政策内容主要是按照以下逻辑建立的：一是确定谁来办教育的问题，这是一个国家教育的总政策，是教育主权和责任分配问题；二是确定怎么办教育的问题，这是一个国家的基本教育政策，关系到教育体系的建立和运行；三是关于怎么教育和教育的质量怎么样的问题，这是具体教育政策，其核心是培养什么样的人、怎么培养人的教育目标，和教育方法如何在教育一线落实的政策问题。三个领域的基础教育政策既层次分明，又相互联系、相互依存。在基础教育政策制定和实施中，三个领域的政策紧密联动，任何一方面政策调整都会带来其他政策的调整或实施效果的变化。

二、关于政策分析

20 世纪中期，一些政治学家把微观经济学的研究方法运用于社会政治领域，建立了政策分析的基本框架，创立了政策科学。美国匹兹堡大学威廉·邓恩（William N. Dunn, 1981）在其《公共政策分析导论》（*Public Policy Analysis: Introduction*）一书中提出：政策分析是针对整个政策制定过程并在政策制定的各个环节中创造知识的一项活动。为创造和获得这种知识，政策分析必须对公共政策的产生原因、结果及其执行情况展开认真的分析和调查。因为政策制定的实效取决于对已有知识的检索和使用，所以知识的交流与政策分析的运用就成为公

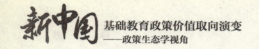

共政策制定理论和实践的核心所在。

政策分析的目标是不断改善公共政策的质量（福勒，2007）[97-107]。政策分析的理论前提是：政策过程无法达到充分理性，如果听任政治家们完全根据自己的意志进行决策，政策通常很难达到完善的境界。

研究者们对于公共政策分析的分类有着不同的方法。一种分类方式是根据政策分析的方法分类。弗朗西斯·C. 福勒（Francies C. Fuller，2007）根据政策分析的方法，将政策分析分为四种类型：监控、预测、评估、建议。谢明（2004）将政策分析分为：前期分析、后期分析、研究型分析、快速分析。

政策分析是本研究的研究方法的逻辑基础。本研究属于政策分析中的后期政策分析和研究型分析，并基于评价和建议目的而进行。

三、关于教育政策价值取向

（一）关于价值

经济学认为，价值是凝结在商品中的一般的、无差别的人类劳动，是商品二因素之一，是商品生产者之间交换产品的社会联系的反映，不是物的自然属性。哲学上，把价值理解为客观的实在，它所反映的是存在事物的等级状态。人们还可以从人与对象物的关系的思想视域中理解价值现象，即价值可以指人根据自身需要、意愿、兴趣或目的对他生活相关的对象物赋予的某种好或不好、有利或不利、可行或不可行等的特性。人类生活经验的不同领域以及不同需要又规定了价值类型的多样性，例如：政治价值的合法与不合法、经济价值的有用与无用、伦理价值的善与恶、审美价值的美与丑等。

有学者认为价值概念的历史演化过程大致可以分为三个阶段，即效用论、经济学和本质论（刘定平 等，2012）。效用论关于价值的概念认为，效用是主客体在相互作用过程中，客体对主体需要的满足程度。一事物对于主体需要满足越多，其价值就越高，相反就越低。经济学关于价值的概念是指商品的社会属性。一般人类劳动构成商品价值的实体。不经过劳动的东西不能构成价值。价值是指商品的价值，一般人类劳动只有凝结在商品形态上才能成为价值。

本质论层面的价值概念认为物的价值就是指人的价值。人的价值决定其他价值。人的价值规定是一切价值决定和取向的最高标准，也是人类价值活动和文化创造的最终目的。人的价值与人的本质相联系，在人的社会关系中形成。基于人的社会关系和人的本质属性形成了多种价值系统，这种哲学价值范畴既包括效用论的满足度价值，也包括经济学的商品价值的社会属性，还包括多种社会关系形成的多维价值属性，如：审美活动的审美价值、道德活动的道德价值、科学活动的科学价值、政治活动的政策价值等。本研究中涉及的价值是基于哲学视角的界定，主要是指主体需求和客体属性在实践基础上统一起来的一种特定的效应关系。

有人把价值的定义概括为属性说和关系说（吴亚林，2009）[62-65]。属性说把价值看成是价值客体所固有的性质，关系说把价值理解为一种关系或是对一种关系的把握。袁贵仁（2013）[16-28]对价值的属性和关系问题进行了系统分析。一般认为，价值是主体和客体之间的一种特殊关系。这一命题虽然宽泛、抽象，却具有重要的方法论意义。它表明：价值不在主体，也不在客体；价值存在于主客体相互作用之中，是一种关系范畴，而不是实体范畴。袁贵仁认为，价值既是关系范畴，也是属性范畴，二者并不矛盾。从哲学角度看，属性包括关系，关系是属性的一个方面、一个层次。属性也离不开关系，事物的一切属性都是通过和其他事物的关系而表现出来的，即通过和其他事物的相互作用、相互比较而表现出来的。马克思说："一物的属性不是由该物同他物的关系产生，而只是在这种关系中表现出来。"（转引自袁贵仁，2013）[23]任何属性都不能脱离关系而呈现出来。因此，价值是关系，也是属性，是在关系中表现出来的。

政策是一种社会规范。规范是人的价值意识与人的行为联系最直

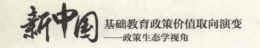
接、最密切的一种形式。在人与人之间，不论是个人之间、个人与集体之间，还是各个民族、各个国家之间，冲突的一个重要方面就是缺乏共同遵循的规范，或有了规范而并未遵循。规范存在于文化之中。文化是人的创造活动及其成果，进一步说是蕴含于活动及其成果中的人的活动方式，而核心则是人的价值观念，包括人如何行动的规范（袁贵仁，2013）[83-87]。人总是生活在一定的文化规范场内。全部文化教育都在传递规范，按照社会理想和科学知识塑造新人，因此一切文化都有着规范的功能，例如，"法律本身并不是一个纯粹的价值，而是一个用来实现某些价值的规范体系"（博登还默，1987）[196]。从这个意义上说，政策是一个用来实现某些价值的社会规范体系。

价值认识是人类认识的一种特殊形式，它与我们通常所讲的反映事物属性、规律的事实认识有所不同。价值认识的特征在于它评价事物和现象对人和人类的意义，其对象是主客体之间的价值关系。这种关系作为认识对象，一方面它同认识主体一起构成价值认识系统，成为该认识系统的一个要素；另一方面，它又自成系统，本身也是由价值关系的主体和客体所构成（袁贵仁，2013）[112]。从价值关系中客体对其主体意义是否实现这一角度来划分，价值认识可以分为预测型价值认识和描述型（摹写、复写、摄影）价值认识。所谓预测型价值认识，是认识主体对事物对于人的意义的一种超前的、预先的反映。如在政策制定过程中，政策主体对政策实施后价值实现程度的预测。描述型价值认识反映的事物对人的意义不是潜在的，而是已现实地表现出来，并成为一种客观存在。如对已经实施的政策价值效用的描述。

（二）关于政策价值

政策价值就是政策主体需求和政策客体属性在政策活动实践基础上统一起来的一种效应关系。政策科学发展过程中，"价值中立"、"价值无涉"的观点曾经产生了很大的影响。行为主义和实证主义主张政策分析要保持"价值中立"和"技术性"。政策科学的奠基人之一拉斯韦尔（Harold Lasswell）认为政策分析要坚持科学的方法，坚持实证主义的哲学基础。马克斯·韦伯（Max Weber）提出的"价值无涉"的社会学方法论也支持政策分析的价值中立观点。20世纪70年代后，研究者开始关注价值对政策过程和结果的影响。我国学者劳凯声、刘复兴、祁型雨等都在教育政策分析中引入了价值研究的因素，为教育政策价值研究建立了理论范式。

教育政策价值表现为两种内涵，一是教育政策的内容所代表的价值选择，二是教育政策过程和政策目标实现的效果价值（孙绵涛 等，2011）。孙绵涛把对这两种价值的分析概括为教育政策本身的分析范式和教育政策价值过程分析范式，或称为教育政策的前价值分析范式和教育政策的后价值分析范式。此外，教育政策价值分析还会表现出两种不同的研究取向，即"教育政策的价值分析"和"教育政策价值的分析"。教育政策的价值分析是对教育政策进行价值分析，而教育政策价值的分析是对教育政策所具有的价值进行分析。前者以教育政策为分析对象，后者以教育政策价值为分析对象。本研究主要是对教育政策价值的分析，研究的对象是教育政策价值的外在表现及其内在逻辑。

（三）关于价值取向

价值取向是价值哲学的重要范畴，它指的是一定主体基于自己的价值观在面对或处理各种矛盾、冲突、关系时所持的基本价值立场、价值态度以及所表现出来的基本价值倾向。价值取向具有实践品格，它的突出作用是决定、支配主体的价值选择，因而对主体自身、主体间关系、其他主体均有重大的影响。价值取向的合理化是进步人类的信念。价值取向也是文化学和心理学研究的重要范畴。价值取向指某些价值观成为一定文化所选择的优势观念形态，或为个体所认同并内化为人格结构中的核心部分，具有评价事物、唤起态度、指引和调节行为的定向功能，可将它作为一种社会文化的倾向加以研究，也可把它作为一种人格倾向予以探索。人们在工作中的各种决策判断和行为都有一定的指导思想和价值前提。人的价值取向直接影响着工作态度和行为。诺贝尔经济学奖获得者、著名心理学家西蒙（Herbert

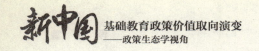

A. Simon）认为，决策判断有两种前提：价值前提和事实前提。这说明了价值取向的重要性。

（四）教育政策价值取向

教育政策价值取向是教育政策主体基于自身组织的核心价值观对处理教育问题所持的基本价值立场、价值态度和表现出来的价值倾向。由于教育政策主体的特殊性，教育政策所表现出的价值取向是政策主体对各种政策利益群体不同价值取向的选择。因此教育政策价值取向的形成是价值选择的过程。由于教育政策的形成受国家政治、经济、社会和文化等多种环境的影响，所以教育政策的价值取向也是多维和复杂的。不同国家、地域、民族对教育政策的价值取向表现出不同的认识体系。

美国学者伊恩那考恩（Laurence Iannaccone）提出了竞争价值理论（转引自福勒，2007）[97-107]，分析并影响了美国政策制定过程。竞争价值理论认为，政策存在于充满价值积淀的公共信息之中。美国的公共价值主要分为三类：一般社会价值（秩序和个人主义）、民主价值（自由、平等和博爱）和经济价值（效率、经济增长和质量）。所有这些价值都影响美国教育政策，并存在于美国教育政策之中。各种价值的相对重要程度随着历史的发展变化而变化。竞争价值理论认为，在特定历史阶段，只有两到三种价值占据支配地位，因而，不同具体价值的倡导者会相互竞争，努力使自己偏爱的价值占有支配地位。于是美国历史上形成了价值的周期性变动，并影响着美国教育政策也呈现周期性波动。伊恩那考恩认为这种波动周期大约为40年。

我国对教育政策价值和价值取向问题的研究从新世纪开始进入蓬勃发展时期。这一时期关于教育政策价值和价值取向的研究主要体现在五个方面。一是对教育政策价值问题的综合性研究。这方面的专著主要有：祁型雨（2003）著《超越利益之争——教育政策的价值研究》、刘复兴（2003a）著《教育政策的价值分析》。主要研究论文有：劳凯声和刘复兴（2000）撰写的《论教育政策的价值基础》，阎光才

（2002）撰写的《教育的功能、功用到功效——20 世纪西方公共教育政策价值取向的演进逻辑》，刘复兴（2002）撰写的《教育政策活动中的价值问题》，祁型雨（2006）撰写的《教育政策价值取向的几个基本理论问题探讨》，杨生新（2008）撰写的《我国教育政策价值取向的偏差与纠正》，孟卫青（2008）撰写的《教育政策分析：价值、内容与过程》。此外，一些关于教育政策研究的综合性著作中也有涉及教育政策价值和价值取向的论述，如孙绵涛（2010）主编的《教育政策学》，吴遵民（2010）著《教育政策学入门》等。二是对不同领域教育政策价值的研究。如杜智华（2010）的《我国教师教育政策价值取向研究——以改革开放后重要教育政策文献为蓝本》，李兴桥（2009）对"师范生免费教育政策的价值取向"进行研究，王显军（2007）的《论邓小平教育政策的价值取向与实践途径》。三是对不同学段教育政策价值和价值取向的研究。主要研究成果有：邢利娅和白星瑞（2008）撰写的《建国后我国学前教育政策价值取向的演变》，阮成武和肖毅（2008）撰写的《基于和谐：国际初等教育政策的价值取向及对中国的启示》，季飞（2009）撰写的《中美基础教育政策价值取向之比较》，赖秀龙（2009）撰写的《新中国成立以来基础教育价值取向：嬗变与反思》，徐玲和赵艳立（2011）撰写的《本世纪以来我国成人教育政策的价值取向研究述评》，庞丽（2008）的《我国高等职业教育政策的演变及其价值取向》等，分别从学前教育、初等教育、基础教育、成人教育和高等教育角度对我国教育政策价值取向进行了研究。四是对专题性、热点性教育政策价值和价值取向的研究。近年来教育热点和专题问题的政策研究也涉及政策价值取向的研究。如罗刚（2009）对基础教育均衡发展政策的价值问题进行研究，胡凯和贾卫华（2005）撰写的《我国基础教育政策改革的价值取向与公平》，张扬生和朱纷（2009）撰写的《论素质教育政策的价值取向与制度创新》等，分别对基础教育均衡发展、教育公平和素质教育等热点问题进行了教育政策价值取向的研究和探讨。五是对教育政策阶段性或领域性问题进行价值取向的历史性研究。吴遵民和邓璐（2011）撰写的《新世纪十年中国教育政策价值基础的历史回顾与反思》，孙中民（2009）撰写的《效率 VS 公平：我国教育政策价值取向的反思》，柴逢国（2007）撰写的硕士论文《对新中国成立后 1949—1999 教育方针价值取向演变的分析》，以及前面提到的邢利娅和白星瑞（2008）撰写的《建国后我国学前教育政策价值取向的演变》，赖秀龙（2009）关于新中国成立以来基础教育价值取向的研究，徐玲和赵艳立（2011）撰写的《本世纪以来我国成人教育政策的价值取向研究述评》等，都是从政策史学角度对政策价值取向的历史性研究。

本书在以上研究的基础上，以基础教育政策历史考证为基本数据，以政策生态系统和教育价值分类为基本工具，对新中国基础教育政策的价值取向进行综合系统研究。

四、关于政策生态学

政策生态学，是政策科学的一种研究视角，是借用生态学研究生命主体与其环境的相互关系和作用的理论与方法，来研究政策系统与社会圈的相互关系，即通过模拟生态系统来研究政策生态系统，研究政策系统与环境系统的平衡关系（向玉琼，2005）。

自 1961 年美国学者雷格斯（Fred W. Riggs）将生态学分析方法引入行政学领域，并出版了《行政生态学》（*Administrative Ecology*）一书后，借用自然科学的生态学理论和研究方法研究政治学、行政学甚至政策学成为政治学研究的一个新的领域（李莉，2006）。20 世纪 90 年代以来，我国部分学者在这个领域的研究也有论著。王沪宁（1989）所著《行政生态分析》，是我国大陆出版的第一部政治生态学著作。向玉琼（2005）借助行政生态学概念提出政策生态学方法，对我国加入世界贸易组织后政策系统的优化提出了建议。李莉（2006）对西方行政生态学理论对我国公共行政改革的启示进行了探讨。刘京希（2007）

所著《政治生态论——政治发展的生态学考察》一书，进一步深入探讨了运用生态学理论研究政治学问题的理论与途径。

上海行政学院严荣（2005）认为，公共政策都是在一定的生态环境下运行的。生态环境是公共政策运行的外部条件，决定政策问题的性质、政策周期和取向与行为。对于行政生态学，雷格斯定义为"自然以及人类文化环境与公共政策运行之间的相互影响情形"的科学（转引自李莉，2006）。公共政策的学科奠基人拉斯韦尔是最早提出并论述公共政策生态的重要学者。他与勒纳（Daniel Lerner）合著的《政策科学：范围和方法的近期进展》（*The Policy Sciences：Recent Development in Scope and Method*）中阐释了政策科学的三个学科特征：跨学科视角、情境和问题导向的本质、规范性。拉斯韦尔所提出的情境性其实就是指公共政策生态，是公共政策与其内外环境体系、与社会的发展历程和现状之间的密切关系。

严荣（2005）将政策生态区分为常规型政策生态和非常规型政策生态。常规型政策生态表现为社会政治系统中输入端的支持与压力相对均衡，社会制度规范、社会理性相对稳定和有序；非常规型政策生态则较多地表现出支持与压力失衡，并且是压力大于支持、社会相对无序的状况。在常规型政策生态与非常规型政策生态之间还存有一种既不属于常规型生态，也不属于非常规型生态的"过渡型"政策生态，即转型期政策生态。转型期政策生态主要表现为：政治秩序稳定但政治系统不均衡；经济体系正在逐步完善但不健全；文化价值观存在但缺乏支柱；社会在进步但问题丛生。在常规型政策生态和非常规型政策生态下，公共政策的产生和运行机理都有较大差异。在常规型政策生态下，因为政治系统相对均衡，政策制定和创新更多地呈现出"维护型"特征；而在非常规型政策生态下，公共政策必须针对众多社会问题做出主动、及时、有效的回应，因而呈现"回应型"特征。在社会转型期政策生态下，公共政策一方面要起到维护现有社会秩序、维持社会发展的功能，另一方面又要回应社会对政府的要求，因而呈现

"维护＋回应"双重特征。

政策生态的研究离不开政策生态环境的研究，政策生态的重要发展和变化动因源于政策生态环境，而政策生态环境的重要影响因素是国家政治环境。学者张顺和柏维春（2000）认为，从人类社会史宏观角度看，政治发展应是指人类从政治国家产生起，各个民族国家的政治文化与政治制度由低级向高级，由旧质态向新质态不断发展变化、上升前进的政治文明运动过程。历史事实表明：政治发展的根本动力在于社会生产方式和交换方式的变迁；政治发展的基本内容和形式是社会政治制度的渐进量变与根本质变的统一；政治发展的一般逻辑顺序是由奴隶社会政治制度到封建社会政治制度，再到资本主义社会政治制度，然后到社会主义社会政治制度；这一政治发展过程的主流取向是由政治专制到资本主义民主，再到社会主义民主；政治发展的实现途径主要有政治革命、政治改革和政治改良。

本研究是基于中国政治生态的政策研究，依据中国的政治生态确定基础教育政策生态系统作为研究基础。

五、关于生态学和教育生态

生态学是生物学的一门分支学科，是研究生命系统与环境系统相互作用关系的学科。现代生态学结合了人类活动对生态过程的影响，从纯自然现象研究扩展到自然—经济—社会复合系统的研究。随着人类社会及生态学的发展，生态学逐渐形成了庞大的学科体系，成为自然科学和社会科学的桥梁（梁磊，邢鑫，2003）。生态学研究的主要内容包括生物与生物、生物与无机环境之间相互依赖的关系，生态系统的结构，生态系统的物质循环、能量流动，以及生态平衡等规律。

生态学的基本理论观点包括（孙儒泳 等，2002）：

● 环境是影响生物的各种外在因素的总和，每一个与生物有关的因素被称为生态因子，生态因子的性质不同，对生物的影响和作用不同，对生物形成了特定的作用规律。

- 有机体并不孤立生存，生活在一起的同种有机体组成种群。

- 在一个环境内，不同种的种群联合组成一个生物群落。

- 由生物群落与它的无机环境相互作用而形成的统一整体，叫作生态系统。生态系统的空间范围有大有小，相互交错，最大的生态系统是生物圈。生态系统具有一定的结构，包括两方面的内容：生态系统的成分、食物链和食物网。生态系统含有非生物的物质和能量、生产者、消费者和分解者等基本成分。生产者、消费者和分解者是紧密联系、缺一不可的。

- 生态系统是开放的系统，为了得以存在和发展，生态系统就要不断地进行物质循环、能量流动和信息传递。

- 生态系统所具有的保持和恢复自身结构和功能相对稳定的能力，叫作生态系统的稳定性。

生态理论的价值和意义，已经远远超越于生态学学科本身，成为具有普遍价值和意义的理论方法（刘京希，2007）。生态化趋势，也成为当代社会文明发展的大趋势。生态社会、生态经济、生态文化、生态文明的兴起，标志着用生态学的观点和方法研究经济、社会、文化的发展已经成为一种理论潮流。

本研究主要借鉴生态学中生态系统生态学的理论，将其迁移到教育政策系统，并借鉴生态系统的结构、功能及生态原理等理论，构建政策生态系统分析模型。

教育生态系统是社会生态系统的组成部分。任凯和白燕1992年所著《教育生态学》一书，对教育生态系统的结构和成分进行了系统分析。教育生态系统的成分主要包括环境因素和主体部分。

教育生态环境最基本的环境因素是自然生态环境、社会生态环境、文化生态环境。自然生态环境包括地理空间、人口结构、各种自然资源等。社会生态环境包括社会阶级、行政制度、种族差异、资金分配、生活方式等。文化生态环境包括民族思维方式、意识形态、价值观念、风俗习惯、道德观念、舆论、情感，以及科学技术、音乐、美术、电影、戏剧、体育等。教育生态系统的主体部分是人，严格地说，是教师和学生这两种具有特定身份的人。教育生态系统的结构，就是教育系统内各因素之间的联系形式以及各因素与外部环境诸因素之间的关系形式。教育生态系统内部各因素的配置状态，与外部环境因素协调一致的适应关系的统一，是教育系统结构和功能的正确体现。从宏观角度研究教育生态系统的结构，主要是探讨教育生态系统的内部构成及其与外部环境因素的关系，从而确定教育发展的战略选择和战略实施。从微观角度研究教育生态系统的结构，则要集中探讨学校内部各组成成分的关系及其教育效果，着重解决学校内部管理问题。同时，还要讨论学校以外各种具有教育职能的机构和家庭对教育、对学生成长发展的影响。

本研究所涉及的教育生态系统主要侧重宏观教育生态系统，重点是影响教育发展战略的内外因素及其对政策的影响和相互关系。

基础教育政策价值取向演变
——政策生态学视角

— 第一章 —

理论框架

　　新中国基础教育政策价值取向研究，需要突破几个重要的理论问题。一是新中国基础教育政策如何分类。这涉及如何梳理新中国成立以来基础教育领域的政策。二是教育价值如何分类。这是分析教育政策价值取向的基础，没有科学的分类，就无法全面描述价值取向，价值取向的论述就缺少理论依据。三是教育政策如何分析。这涉及教育政策分析方法问题。本研究借鉴生态学建立了政策生态系统分析方法。以下对本研究的这三个方面的理论框架做一介绍。

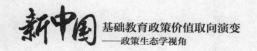
■ 第一节　基础教育政策分类框架

一、基础教育政策分类方法

教育政策体系，从广义上讲，它包括一个国家教育改革与发展所需要的所有教育政策，是由国家针对影响教育改革与发展方方面面的问题而制定的。一般借用政策的分类方法，将教育政策分成总政策、基本政策和具体政策三部分。美国学者弗兰德·S.库姆斯认为，教育经费政策、课程政策、学生政策、教师政策、教育管理政策是一个国家教育改革与发展的基本教育政策（转引自那格尔，1990）[447-450]。黄明东（2007）根据所要解决的问题对教育政策体系进行了 11 项划分，分别是：教育体制政策、教育质量政策、教育经费政策、教育人事政策、国家学制政策、课程与教学政策、学历与学位政策、教师教育政策、考试与评价政策、招生与就业指导政策、学校语言文字政策。刘复兴（2003b）根据教育政策价值主体、价值客体和教育政策活动属性，把教育政策问题分为六个方面，分别是：国家教育权力分配问题、受教育权利分配问题、受教育机会分配问题、教育制度安排问题、教育物质资源与人力资源的配置问题、教育组织与个人的教育活动问题。

二、构建基础教育政策二级分类法

本书对以上研究结果进行进一步系统归类，形成了我国基础教育政策价值取向分析的逻辑体系，为继续深入进行本研究奠定了逻辑基础。

根据刘复兴（2003b）的研究，教育政策是政策主体统筹教育资源、分配教育利益的一种活动。那么，教育政策的价值取向就是教育政策主体统筹教育资源和分配教育利益的价值选择。在新中国基础教育政策的研究分类上，由于基础教育政策所涉及的政策领域没有教育整体政策所涉及的层级和领域那么广泛，因此本研究综合了美国学者弗兰德·S. 库姆斯、我国学者黄明东和刘复兴的分类方法，把基础教育政策资源配置和利益追求分为以下三个领域：一是基础教育办学权力和责任分配政策，主要包括基础教育权责分配政策、基础教育体制政策、基础教育行政管理政策、基础教育经费政策、基础教育人力资源政策等；二是基础教育受教育权利和机会分配政策，主要包括招生政策、升学政策、学制政策等；三是基础教育课程与评价政策。这三个领域的基础教育政策主要是按照以下逻辑建立的：一是确定"谁来办教育"，这是一个国家教育的总政策，是教育主权和责任分配问题；二是确定"怎么办教育"，这是一个国家的基本教育政策，关系到教育体系的建立和运行；三是关于"怎么教育"和"教育的质量怎么样"的政策，这是具体教育政策，核心是"培养什么样的人"和"怎么培养人"的教育目标，以及教育方法如何在教育一线落实的政策问题。三个领域的基础教育政策既层次分明，又相互联系、相互依存。在基础教育政策制定和实施中，三个领域的政策紧密联动，任何一方面政策调整都会带来其他政策的调整或实施效果的变化。

以上三个领域的基础教育政策分类为一级分类。在基础教育政策价值取向的分析中，还必须对每一领域的基础教育政策进行二级分类。这就构成了基础教育政策的二级分类法（见图1-1）。

基础教育办学权力和责任分配政策主要包括：基础教育在国家总体政策中的权力和责任分配政策，基础教育在教育总体政策中的权力和责任分配政策，基础教育在国家、地方和教育组织中的权力和责任分配政策。具体的政策包括：基础教育权责分配政策、基础教育体制政策、基础教育行政管理政策、基础教育经费政策、基础教育人力资源政策等。这些政策都是国家的总体教育政策。

基础教育受教育权利和机会分配政策主要包括：基础教育起点的受教育权利和机会分配政策、基础教育过程的受教育权利和机会分配政策、基础教育结果的受教育权利和机会分配政策。具体的政策包括：基础教育的招生政策、升学政策、学制政策等。这些政策是国家的基本教育政策。

基础教育育人目标及课程与评价政策主要包括：育人目标政策、育人过程政策、育人效果评价政策。这些政策是国家的具体教育政策。

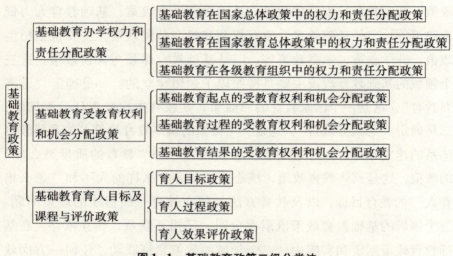

图1-1 基础教育政策二级分类法

■ 第二节 教育价值分类框架

教育价值问题是教育实践的基础，决定着教育行为的方向。价值哲学认为，价值是客体对主体的意义或有用性。价值是关系范畴和属性范畴的综合体，它是客体功能属性对主体需要的满足关系（袁贵仁，2013）[16-28]。教育价值是教育作为客体对教育主体需要的满足关系。在教育实践中，由于教育实践主体对教育客体的需求不同，表现出教育主体的不同教育价值选择和价值取向。这些教育实践主体的教育价值取向直接或间接地在教育实践中影响教育的行为。因此，教育实践所表现出的各种教育现象的本质，是教育实践主体的教育价值取向的体现。对教育价值类型的研究有利于理清教育主体与教育客体的价值关系，从而进一步使教育活动的参与者明确教育的目标和意义，使教育实践回归教育的本真价值。

一、基于教育主体的教育价值分类

教育价值是教育作为客体对教育主体需要的满足关系。在现代教育学中，教育的主体主要指人及人类社会。教育的价值也就是教育作为客体对于人及社会的有用性。一般把教育所依赖的社会主体看作广义性社会范畴，其中包括了社会政治、社会经济、社会文化科技等内容（黄济，王策三，1996）[2-36]，本书对影响教育的社会因素分析，采用狭义的社会范畴，即社会与政治、经济、文化（含科技）、教育是平行的关系。其中教育运行所依赖的狭义社会范畴主要指一般性社会群体关系，以及相对于教育的一般社会性功能。根据以上基本观点，对教育产生重要影响的相对主体主要包括：政治性主体，如政党、政府或政权机构；经济性主体，如教育投入主体；社会性主体，如一般社会公民和组织；文化性主体，如文化传承者；教育性主体，如教育组织、研究机构、教育者、被教育者。根据教育主体的不同，教育表现出不同的价值，具体表现为教育的政治性价值、教育的经济性价值、教育的社会性价值、教育的文化性价值和教育的教育性价值。

以下对五种教育价值类型进行具体分析。

（一）教育的教育性价值

教育的教育性价值主要指教育促进人的生命发展的价值。教育促进人的生命发展是教育的基本目的和基本功能（袁振国，2004）[65]。

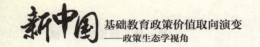

教育的教育性价值主要体现在以下三方面。一是教育促进人的个体发展的价值。教育学认为无论何种教育流派、何种教育目的，教育的基本功能都是促进人的个体发展。教育的其他功能和价值都是建立在促进人的个体发展的基础上的（黄济，2011）[402]。教育要尊重个体发展的一般规律，从而实现促进人个体的科学发展的价值。二是教育促进人的全面发展的价值。我国学者主要从马克思主义关于人的全面发展学说角度分析教育对人的全面发展的价值。新中国教育从提出"德智体"都得到发展，到"德智体美"等方面全面发展的教育方针，体现了教育促进人的全面发展的教育性价值。三是教育促进人的持续发展的价值。教育促进人的持续发展的价值主要体现在形成人的终身学习能力上。终身教育是20世纪60年代形成和发展的一种国际性教育思想。在知识爆炸时代，教育的任务重心从传授知识转向培养人持续学习的能力。教育不仅是学校的事情，是学生时代的事情，而且将成为人的终身生活和工作的一部分。终身教育和学习拓展了教育价值，形成了教育促进人的持续发展的教育性价值。

（二）教育的文化性价值

教育的文化性价值是教育对人类文化发展与交流的价值。教育和文化是社会事业发展的两个相互联系、相互融合的重要领域，究其历史源头和学术关系更是密不可分。教育影响文化发展，文化也反作用于教育的形态。

教育的文化性价值主要体现在以下四方面。一是教育对文化的保存和传递价值。人类的文化是后天习得的，它不能通过遗传延续，只能通过传递方式发展。教育是传递和保存社会文化的重要手段。教育通过选择文化，确定教育内容，把人类文化中最基本、最精华的内容传授给下一代。二是教育对文化的传播和交流价值。教育具有传播和交流文化的功能。通过教育的形式，人类文化从一个群体向另一个群体传播，实现文化交流的效果和文化融合的效果。三是教育具有文化创新和更新价值。教育通过发展人的思想和观念，形成新的社会文化。

教育也为文化的发展和创新培养人才。实现文化创新和更新价值。四是教育的文化价值对教育具有反作用的价值。人类发展中形成了教育的文化价值，也体现了教育自身的教育文化观念、教育文化习俗观、教育文化价值观等，并直接反作用于教育的发展。如，中国传统教育文化中强调"学而优则仕"、"学海无涯苦作舟"等，导致中国家庭教育和学校教育中高度关注学生成绩，不惜加重学生课业负担。

（三）教育的社会性价值

教育的社会性价值是教育促进社会发展的价值。教育过程必须有教育者和受教育者存在，所以教育从诞生开始就具有社会属性，是一种社会现象。虽然人类社会经历了几种社会形态的发展，但教育的社会属性没有本质变化。在这个过程中，一方面社会发展影响和促进了教育发展，另一方面教育发展也推动了社会发展。

从狭义角度分析，教育的一般社会性价值主要体现在以下方面。一是教育对人的社会化价值。教育通过有组织的教育活动，使人在学习知识的过程中，学会处理人际关系，培养了相互交流的能力，从而为人的社会化奠定基础。在教育过程中，实现人的社会化是通过学校开设的"显性课程"和非常规的"隐性课程"共同实现的。二是教育具有推动社会发展和社会改造的价值。教育的课程发展模式中形成了"社会本位"的课程组织取向，社会本位的课程体现了教育对未来社会发展的追求，对科学、公正的理想社会秩序的探索和推动。因此有"今天的学校就是明天的社会"的说法。如我国当前教育政策中强调的"教育公平"就是教育社会性价值取向的体现。

（四）教育的经济性价值

教育的经济性价值是指教育对社会经济发展的促进价值和教育自身发展效益优化的价值。

教育的经济性价值主要体现在以下五方面。一是教育的劳动力生产和再生产价值（靳希斌，2001）[91]，提高经济生产效率，从而影响经济发展水平和发展速度。如我国提出教育的"先导性、基础性、全局性"地位，就是从教育对劳动力的生产和再生产价值角度提出的。二是教育的科技生产和再生产价值，提高经济发展水平。教育是科学生产、再生产，以及使科学转化为生产技术的重要途径。因此教育的科技发展价值也是教育经济性价值的一部分。我国提出的"科学技术是第一生产力"，以及"科教兴国"战略等，都体现了教育的这种经济性价值。三是教育提高经济管理水平。教育通过培养经济管理人才，创新发展管理科学，提高管理效率，促进经济发展。四是教育通过对人的培养，提高人在社会经济生活中的地位和回报，从而提升了个人和家庭的经济利益。五是教育自身投入产出的效益体现了教育自身运行的经济性价值。学校中对教育质量的监控与评价，是对教育投入与产出的一种基本评价测量形式，这种形式具有经济评价特点，是教育经济性价值的反映。如教育实践中对"教育效率"和"教育质量"的关注，就体现了教育的经济性价值。

（五）教育的政治性价值

教育的政治性价值，在有些国家也称教育的意识形态价值。教育的政治性价值是伴随阶级社会的产生而产生的，具有极其强烈的阶级色彩，政治属于社会上层建筑范畴，它是建立在一定社会经济基础上的，并又反映和作用于社会经济基础；政治还指某个国家或者政党在特定历史时期的主要任务和奋斗目标（黄济，王策三，1996）[27]，也包括人民参与国家事务、对国家监督和管理的机制和过程。

教育与政治有着不可分割的关系。政治是教育的基础，政治制约和影响教育；教育依赖政治，甚至附属于政治。黄济、王策三（1996）认为，在阶级社会里，教育总是阶级的教育，必然由掌握政权的阶级通过政治组织机构、法律形式和思想意识影响来控制教育，从而决定着、制约着教育的各个方面，对教育性质、目的宗旨、制度、内容乃至方法都具有强烈的影响和制约。概括来说，现代教育的政治基础，是通过现代政治对现代教育的决定作用反映与表现出来的。政治通过政治组织机构或团体，决定着教育的领导权和支配权。具体表现为两个方面：一方面掌握政权的阶级，通过掌握社会生产资料和精神生产资料，掌握着教育的领导权和支配权，使教育为本阶级服务，具有本阶级的阶级属性，教育目的、制度和内容反映本阶级的要求；另一方面国家政治决定着教育管理，教育管理是政治管理的一部分，因此国家通过政治、组织直接领导控制教育。此外，国家通过法律形式，对教育进行制约。国家通过法律形式保障和争取受教育权利。掌握政权的阶级，利用法律手段，控制教育权，确立符合本阶级意志要求的教育制度、内容和方法，为了制约教育的目的和内容，直接对受教育者进行政治宣传，设置政治课程，对受教育者的政治立场、世界观、人生观，以及道德行为习惯施加影响，从而实现国家或阶级所要求的培养目标。

教育在受控于政治、依赖于政治的过程中，也充分体现了教育的政治性价值。教育的政治性价值是相对于政权主体的满足关系，主要体现在以下三个方面。一是教育的政治性育人价值，即通过教育手段培育具有政权阶层和统治阶级的政治思想和价值观的劳动者（王道俊，扈中平，2011）[41]，培养、选拔政权接班人。二是教育的政治宣传价值，即通过教育宣传功能，传播统治阶级、政党的政治纲领、方针、路线和政策。三是教育的政治进化发展价值。教育在为政治服务的同时也促进政治理论思想的研究和发展。现代教育对推进政治的进化发展起到积极作用，尤其是推进了政治的民主化进程。

一些国家回避教育的政治性价值，取而代之以教育的意识形态价值（福勒，2007）[112-118]。在不同国家中，各种意识形态的代表者，会通过各种手段影响教育，从而实现为其意识形态服务的教育价值。如影响美国教育的主要意识形态包括保守主义、贸易保护主义、自由主义、宗教保护主义等。

从以上分析可以看出，教育基于其所依赖的主体，形成了教育的教育性价值、文化性价值、社会性价值、经济性价值和政治性价值（意识形态价值）等主要价值。其中教育性价值主要是基于人的个体发

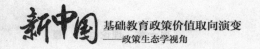

展所体现的价值属性；文化性价值是基于教育对人的个体和群体教育的直接结果形成的价值属性；社会性价值是基于教育对人的一般社会化结果形成的价值属性；经济性价值主要是教育在促进人的个体发展过程中产生的文化（科技）、社会价值结果的间接性生产价值；政治性价值则是通过教育对人的发展、文化（科技）发展和经济、社会发展的影响，间接促进社会阶级、阶层、政权与社会制度发展的价值。因此教育的教育性价值、文化性价值、社会性价值、经济性价值和政治性价值具有递进关系，其中教育性价值是直接价值，文化性价值和社会性价值是间接价值，经济性价值和政治性价值则是更为间接的教育价值。

二、基于人的价值结构的教育价值分类

教育的价值是教育哲学的基础性核心问题，有不同的哲学观就有不同的教育价值论。从最基本的方面而言，主要是从社会需要或从人的发展来论述教育价值（黄济，2011）[414]。杜威（John Dewey）在他的教育哲学中提出了"内在价值"和"工具价值"的教育价值区分。所谓内在价值，主要是指一个事物本身的意义；所谓工具价值，就是指事物为达到一定的目的所起的作用。实用主义教育哲学比较重视工具价值。马克思主义教育哲学则主要强调了教育促进人的全面发展和人的社会发展两个方面。教育的价值最终都体现在人的培养上。教育的其他价值都是基于对人的培养这一价值基础。因此讨论价值问题必然要涉及人的价值。

人的价值是哲学的基础问题之一。张尚仁（1989）在《论人的价值系统》一文中，把人的价值分为"元价值"、"工具性价值"、"消费性价值"三个层次。他认为人的生命价值是人的元价值，人的社会生产价值是工具性价值，人的社会生活价值是消费性价值。所谓元价值，指的是人的各种价值中最根本、最基础的价值。工具性价值首先指物

的价值。物本来无所谓价值，只有其能满足人的需要时才获得价值。而所谓对人来说的工具性价值，正是指它是实现人的元价值的手段、中介、工具。生产劳动就是人作为主体的活动，是人的工具价值。消费性价值是对主体来说实现了的价值，或者说是事实上存在的价值，具体说就是人的"社会生活实现过程"。

基于人的价值结构的分析，教育对人的价值结构，既包括教育的元价值，或杜威所说的"教育的内在价值"，也包括教育的工具性价值和教育的消费性价值。

教育的元价值是基于人的元价值而言的教育价值。根据人的价值分类结构，"生命与生存价值"是人的元价值。那么，"教育的元价值"就是促进人的元价值发展的价值，也就是促进人的生命发展的价值，使人的生命得到全面的、协调的、持续的发展就是教育的元价值所在。

教育的工具性价值体现在对人的生产劳动能力的培养和发展上。根据人的价值分类结构，生产劳动是人的工具性价值，而教育是实现这一价值的基础性手段，因此教育的工具性价值就是实现人的工具性价值，即培养人的社会生产能力的价值。

教育的消费性价值是指教育对人的社会生活价值的实现价值。人的价值分类结构中，人的消费性价值是指人的社会生活的价值。这种价值的实现也要通过教育达到，因此教育对人的社会生活价值的实现价值就是教育的消费性价值。这其中体现了教育对人的思想观念（精神文化等）、社会性（政治性、社会组织等）地位、消费性（经济性）水平等方面的影响功能和教育价值。

根据以上分析可知，教育价值结构与人的价值结构紧密相连。教育价值的根本价值是教育的元价值，教育的工具性价值是通过教育元价值的实现而间接实现的，而教育的消费性价值也是通过教育的元价值和工具性价值实现而实现的。因此，教育的元价值、工具性价值和消费性价值紧密相连，具有递进的结构关系。

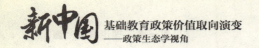

三、教育价值分类系统的构建

前述基于教育主体分析形成的教育价值分类与基于人的价值结构分析形成的教育价值分类，两种分类间有着本质的联系性与相关性。其中教育性价值属于教育的元价值，体现了生命发展的价值；经济性价值中的部分价值，如人力资源发展价值属于教育的工具性价值，体现了教育培养人的社会生产能力的价值；教育的政治性价值、经济性价值中的效益价值、文化性价值和社会性价值属于教育的消费性价值，体现了教育对人的社会生活价值的实现价值。因此，可以将基于教育主体分析和人的价值结构分析的教育价值分类汇总，构建形成"教育价值分类表"（见表1−1）。

表1−1　教育价值分类

价值结构的层次	元价值 （内在价值）	工具性价值	消费性价值
人的价值分类层次	生命的价值	社会生产的价值	社会生活的价值
教育价值分类（基于人的价值结构分析）	生命发展的价值	培养人的社会生产能力的价值	人的社会生活价值的实现价值
教育价值分类（基于教育主体分析）	教育性价值	经济性价值中的工具性价值（人力资源价值）	政治性价值（或意识形态价值） 经济性价值（效益价值） 社会性价值 文化性价值
价值结构关系	根本性价值 直接价值	间接价值	间接价值

教育价值分类表使教育价值在教育学原理和人的价值哲学层面得到统一，建立了相关联的教育价值分类系统。这一分类系统体现了以下特点。

　　一是教育价值分类与人的价值结构紧密相连，体现了教育的人性和生命性价值的本源。由教育价值分类表可知，无论是人的价值结构还是教育的价值结构，其原点都是人的元价值，人通过教育实现了工具性价值和消费性价值，教育也在这个过程中实现了工具性价值和消费性价值，体现在教育的教育性价值、经济性价值、政治性价值、社会性价值和文化性价值实现的过程中。

　　教育的所有价值的实现都基于对人的生命价值实现这一根本价值。因此，教育的元价值，即教育的生命发展价值是教育价值分类的逻辑起点，从根本上体现了教育的人性价值和生命性价值。我们可以把教育的这一根本价值看作教育的本源，是所有教育价值和教育实践都必须回归的教育本真。

　　二是教育价值分类与人的价值分类都具有结构性，体现了价值结构的递进关联性。人和教育的工具性价值的实现是建立在人和教育的元价值基础上的，而人和教育的消费性价值的实现也是建立在人和教育的元价值与工具性价值基础上的。所以说，人和教育的元价值是根本性价值、基础性价值、直接价值，而工具性价值和消费性价值则是间接价值。教育价值的这种结构关系意味着人和教育的各种价值间既相互区别，又相互关联，具有不可分割性。

　　三是教育价值分类系统体现了教育价值的多元性、复杂性和融合性，既有从人的价值结构层面衍生的教育价值类型，也有从教育实践本身归纳的教育价值类型，还有从教育价值结构分析的教育价值类型。教育价值分类的多元性体现了教育价值的复杂性。在具体实践中，由于各种教育价值之间又具有关联性，因此教育价值的多元性和复杂性又表现为融合性。在融合多元教育价值的教育实践中，往往表现为某一种教育价值为主导，其他教育价值为辅助的形式，最终实现教育价值多元融合统筹协调的教育实践效果。

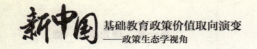

■ 第三节　基础教育政策生态系统分析框架

本节研究的基础是自然科学中的生态系统理论，把它迁移到基础教育系统和教育政策系统中，借鉴生态系统学相关理论分析基础教育政策及其价值取向形成机制。

一、生态系统的成分与结构

生态系统（ecosystem）一词是英国植物生态学家坦斯利（A. G. Tansley）于 1935 年首先提出的。他指出："生物与环境形成一个自然系统。正是这种系统构成了地球表面上具有大小和类型的基本单元，这就是生态系统。"（转引自戈峰，2008）[352-369]现在一般认为，生态系统是指在一定时间和空间内，由生物群落与其环境组成的一个整体，各组成要素间借助物种流动、能量流动、物质循环、信息传递，而相互联系、相互制约，并形成具有自调节功能的复合体。

生态系统的基本含义包括：由生物和其依赖的环境即非生物组成；各要素间有机地组织在一起，具有能量流动、物质循环、信息传递等功能；生态系统是客观存在的实体，是有时空概念的功能单元；生态系统是人类生存和发展的基础。

生态系统生态学已突破自然科学范畴，与社会科学相结合，出现了生态经济学、生态政治学、生态法学、生态哲学等边缘学科。本书将利用生态系统生态学的基本原理和基本研究方法，研究基础教育政策价值取向问题。

生态系统的成分主要包括：生命支持系统（非生物环境）、生产者、消费者和分解者（见图 1-2）。

根据生物在生态系统中发挥的作用和地位，可将其划分为生产者、消费者和分解者。自然生态系统中，生产者包括所有绿色植物和某些细菌，是生态系统中最基础的成分。它们是利用简单的无机物制造有机物的自养生物。生产者是将生态系统中无机环境中的物质和能量输入到生物系统的直接环节。消费者是不能用无机物直接制造有机物、直接或间接地依赖于生产者所制造的有机物的生物，称为异养生物。根据取食地位和食性的不同，可分为植食动物、肉食动物、杂食动物等。消费者在生态系统中，不仅对初级生产物起着加工、再生产的作用，而且对其他生物种群数量起着重要的调控作用。消费者在生态系统物质循环和能量流动中起着十分重要的作用。分解者都是异养微生物，在生态系统中不断地发挥着分解作用，把复杂的有机物逐步分解为简单的无机物，最终以无机物的形式回归到环境中。因此，这些异养生物又称为还原者。

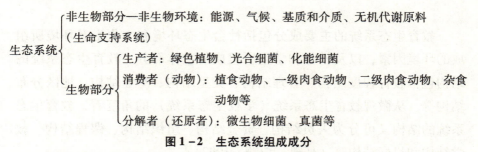

图1-2　生态系统组成成分

资料来源：戈峰. 现代生态学［M］. 北京：科学出版社，2008.

生态系统的结构是生态系统内各要素相互联系、相互作用的方式，是生态系统的基础属性。生态系统的结构包括空间结构、时间结构和营养结构。营养结构是指生态系统内各要素之间最本质的营养联系，主要指食物链和食物网。食物链是生态系统内不同生物之间形成的一环套一环似链条式的营养关系。生态系统中的食物链很少单条、孤立地出现，它们往往是交叉锁链，形成复杂的网络式结构，即食物网。

生态系统表现出以下基本特征和运行原理。

一是开放性。主要表现在生态系统全方位地与系统外界进行交流。

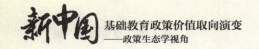

开放性原理提示人们在研究生态系统时，应持开放动态的思维处理问题。要把研究对象和生态系统一起放到周围环境中，运用开放性原理就能全面深刻地揭示事物的本质。

二是整体性。整体性是指系统有机组成，其存在方式、目标、功能都表现出统一协同的特征。任何生态系统都是由多要素结合而成的统一体。

三是稳定性。生态系统具有自我调节功能。生态系统要素与结构是系统功能的内在根据和基础。生态系统在运行过程中通过自我调节保持其要素和结构的稳定。当环境或生态系统的要素发生变化时，生态系统能够通过自我调节保持系统相对稳定或稳定发展演替。生态系统的开放性、整体性和稳定性是研究生态系统的原理和基础。

二、基础教育政策生态系统的成分及结构

教育生态系统的主要成分包括社会生态环境和文化生态环境所组成的环境因素，以及教师和学生所组成的主体部分。教育生态系统的结构包括教育程度结构、管理结构、类型结构、专业结构、地区分布结构等。从微观教育生态系统（学校生态系统）的角度看，教育生态系统的结构又可分为人员结构、资金结构、组织结构、课程结构、教学结构和目标结构等（任凯，白燕，1992）[34-42]。

基础教育生态系统是教育生态系统中的子系统。根据以上分析，基础教育生态系统成分主要包括基础教育环境因素和主体部分。其中环境因素包括：政治生态环境、经济生态环境、社会生态环境、文化生态环境和其他教育生态环境。主体部分包括：基础教育决策者、基础教育行政者、基础教育学校管理者、基础教育教师和学生（见图1-3）。

基础教育生态系统 {

　基础教育环境 { 政治生态环境、经济生态环境、社会生态环境、
　　　　　　　　 文化生态环境、其他教育生态环境

　基础教育主体部分 { 基础教育决策者
　　　　　　　　　 基础教育行政者：各级政府和教育行政部门
　　　　　　　　　 基础教育学校管理者
　　　　　　　　　 基础教育教师和学生

图1-3 基础教育生态系统组成成分

资料来源：修改自任凯，白燕. 教育生态学［M］. 沈阳：辽宁教育出版社，1992.

本研究主要涉及基础教育政策的管理结构和人力资源结构，管理结构即基础教育决策部门、实施部门、基础教育对象，人力资源结构即基础教育决策者、基础教育行政人员、基础教育管理者、基础教育教学人员（教师）、基础教育受教育者（学生）。

政策生态系统是政治生态系统的子系统。严荣（2005）认为，公共政策都是在一定的生态环境下形成和运行的。生态环境是公共政策运行的外部条件，不仅决定政策问题的性质，也决定政策的生命周期、取向和行为。对于行政生态学，雷格斯定义为"自然以及人类文化环境与公共政策运行之间的相互影响情形"（转引自严荣，2005）的科学。但雷格斯并未对公共政策的生态进行更为细致的论述。公共政策的学科奠基人拉斯韦尔是最早提出并论述公共政策生态的重要学者，他提出了公共政策情境性概念，希望能使得相关活动与外在环境产生关联，并建立更具解释力的理论内涵。拉斯韦尔对情境性的定义是："一个整体社会过程的认知（cognitive）图，公共政策问题不可能脱离特定的政治、经济、社会和文化环境。"（Lerner，Lasswell，1951）[8-10]因而，拉斯韦尔所提出的情境性其实就是指公共政策生态，是公共政策与其内外环境、与社会的发展历程和现状之间的密切关系。

根据以上分析，政策生态系统的成分主要包括：政策环境（政治、经济、社会和文化环境）、政策制定者、政策执行者和政策受用者（见图1-4）。政策制定者如同自然生态系统中的生产者，是政策的生产者；政策执行者如同自然生态系统中的消费者，发挥政策的消化吸收

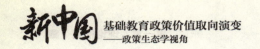

和再造的作用；而政策受用者如同自然生态系统中的分解者，是政策的分解受用对象。

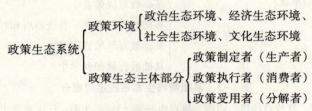

图1-4　政策生态系统组成成分

政策生态系统的结构也如自然生态系统的空间结构、时间结构和营养结构一样，具体表现为政策信息传递的层级结构、政策生态系统的时间结构、政策生态系统的效能结构。

政策信息传递的层级结构主要体现在政策制定和执行主体的行政层级结构方面，是政策生态研究的重点内容。政策生态的时间结构，主要是指伴随环境的变化而来的政策生态系统的结构演变（演替）。政策生态系统的效能结构是指在政策信息传递和政策实施过程中各要素之间最本质的政策效能联系，形成了如同食物链和食物网一样的政策链和政策网。

基础教育政策生态系统是基础教育生态系统与政策生态系统的交叉融合。其主要成分包括：基础教育政策环境（政治、经济、社会、文化、其他教育环境）、基础教育政策制定者、基础教育政策执行者和基础教育政策受用者。基础教育政策制定者如同自然生态系统中的生产者，是基础教育政策的生产者，主要包括国家基础教育政策决策部门、基础教育政策研究和建议部门等；基础教育政策执行者如同自然生态系统中的消费者，承担基础教育政策的消化吸收和再造，主要包括各级政府、教育行政部门、基础教育政策相关部门（如人事部门、财政部门等）和教育组织（学校）等；而基础教育政策受用者如同自然生态系统中的分解者，是基础教育政策的分解受用者，主要包括教育组织（学校）、教师、学生及家长。基础教育政策生态系统的成分可以用图1-5表示。

基础教育政策生态系统 {
基础教育政策环境 { 政治生态环境、经济生态环境、社会生态环境、文化生态环境、其他教育环境

基础教育政策生态主体部分 {
基础教育政策制定者（生产者）：国家基础教育政策决策部门、政策研究和建议部门
基础教育政策执行者（消费者）：各级政府、教育行政部门、相关部门、教育组织及学校
基础教育政策受用者（分解者）：教育组织及学校、教师、学生及家长
}
}

图 1-5　基础教育政策生态系统组成成分

　　基础教育政策生态系统的构建，为基础教育政策的制定和执行分析奠定了基础框架，为本书第四章、第五章进行基础教育政策生态系统分析提供了系统工具。

基础教育政策价值取向演变
——政策生态学视角

—— 第二章 ——

新中国基础教育政策价值取向演变的总体回顾

本章主要内容是从总体上对新中国基础教育政策价值取向的演变进行基础性分析。主要从三个角度回顾新中国基础教育政策价值取向的演变：一是从政治学和教育史角度分析新中国基础教育政策价值取向演变阶段；二是从政策内容角度分析新中国基础教育政策价值取向演变的标志性政策；三是从教育政策价值的表述方式角度分析新中国基础教育政策价值取向的一般表达范式。

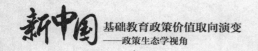
■ 第一节　历史阶段

关于新中国教育事业和教育政策发展的历史阶段问题，学术界有不同的认识。李国钧、王炳照（1999）[8-85] 主编的《中国教育制度通史（第八卷）》，把 1949—1999 年中国教育制度发展大体分为三个阶段。第一阶段是由新民主主义教育到社会主义教育的发展时期，大体时间范围为新中国成立后七年，即 1949 年 10 月到 1956 年年底。这一阶段主要在《中国人民政治协商会议共同纲领》的政策指导下开展教育工作。教育工作的基本性质是新民主主义性质。第二阶段是以阶级斗争为纲，教育工作遭受重大挫折阶段，大体时间是从 1957 年年初到 1976年 10 月"文化大革命"结束。第三阶段是"三个面向"和"科教兴国"战略阶段，大体时间是从 1976 年 10 月"文化大革命"结束后到1999 年。这一阶段国家教育工作逐步得到了恢复和发展，逐步形成了中国特色社会主义教育体系的思路和框架。吴遵民（2010）[165-188] 也把新中国教育政策发展分为三个阶段，但分段方法略有不同。第一阶段是从新中国成立到十一届三中全会之前；第二阶段是从十一届三中全会到 20 世纪 90 年代中期；第三阶段是从 90 年代末到 21 世纪初。也有学者分新中国成立初期、"文化大革命"时期和改革开放后三个阶段研究新中国教育发展问题（赖秀龙，2009）。

基础教育发展是国家总体教育发展的重要组成部分。新中国基础教育发展阶段既受到国家政治、经济、社会、文化等方面发展的影响，也与教育总体政策发展同步。本书根据新中国政治、经济、社会、文化等发展的阶段和教育总体政策发展阶段，将新中国基础教育政策演变分为改革开放前和改革开放后两个历史时期，每个时期内根据教育政策发展的重大变化，又分为若干历史阶段。

改革开放前，基础教育发展与国家政治、经济、社会、文化发展同步，可分为三个历史阶段。第一阶段，是恢复国民经济和社会主义改造阶段（从 1949 年 10 月至 1956 年），主要特点是恢复国民经济，建立社会主义基本政治制度和社会主义基本经济制度。第二阶段，是社会主义建设积极探索阶段（从 1957 年至 1966 年），主要特点是国家在探索适合中国情况的社会主义建设道路中曲折前行。第三阶段，是"文化大革命"及过渡阶段（以下简称"文化大革命"阶段），从 1966 年 5 月至 1978 年党的十一届三中全会召开前。

改革开放后基础教育发展在与国家政治、经济、社会、文化发展同步的基础上，主要与教育事业的总体发展同步，可分为五个历史阶段。第一阶段是改革开放初期恢复和发展教育事业阶段（从 1978 年十一届三中全会召开至 1985 年）。这是改革开放以来我国教育事业恢复和发展的时期，主要教育政策任务是恢复、调整和整顿教育秩序。第二阶段是教育体制改革初步探索阶段（1985—1992 年），主要特点是我国进入教育体制全面改革的新时期。第三阶段是建立与社会主义市场经济体制相适应的教育体制阶段（1992—1999 年），主要特点是中国教育改革进入与社会主义市场经济体制相适应的政策发展阶段。第四阶段是进入新世纪全面推进素质教育阶段（1999—2010 年），主要特点是教育政策在适应社会转型过程中逐步形成了遵循教育规律、全面推进素质教育新阶段。第五阶段是加快从教育大国向教育强国迈进阶段（2010—2020 年），主要特点是教育政策以办好人民满意的教育和完善中国特色社会主义现代教育体系为目标，逐步建设人力资源强国和教育强国。

新中国成立以来教育事业和教育政策发展的每一阶段都表现出不同的发展特征（见表 2-1）。基础教育政策价值取向的发展和演变也基本遵循了这两个时期、八个阶段的历史变化，每个时期、每个阶段的基础教育政策价值取向表现出不同的价值选择。

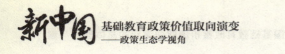

表 2 – 1　新中国基础教育政策发展历史阶段

历史时期	历史阶段	时　间	主要特征
改革开放前的历史时期	恢复国民经济和社会主义改造阶段	1949 年 10 月至 1956 年	恢复国民经济，建立了社会主义基本政治制度和社会主义基本经济制度
	社会主义建设积极探索阶段	1957 年至 1966 年"文化大革命"开始	国家在探索适合中国情况的社会主义建设道路中曲折前行
	"文化大革命"阶段	1966 年 5 月至 1978 年十一届三中全会召开前	教育事业发展受"文化大革命"影响
改革开放后的历史时期	改革开放初期恢复和发展教育事业阶段	1978 年十一届三中全会召开，到 1985 年	教育事业恢复和发展的时期
	教育体制改革初步探索阶段	1985 年全国教育工作会议召开，到 1992 年党的十四大召开之前	我国教育改革与发展进入教育体制改革的新时期
	建立与社会主义市场经济体制相适应的教育体制阶段	1992—1999 年	我国教育改革进入与社会主义市场经济体制相适应的政策发展阶段
	进入新世纪全面推进素质教育阶段	1999—2010 年	教育政策在适应社会转型过程中逐步回归遵循教育规律、全面推进素质教育的阶段
	加快从教育大国向教育强国迈进阶段	2010—2020 年	完善中国特色社会主义现代教育体系，逐步建设人力资源强国和教育强国

■ 第二节　标志性政策

政策的价值取向是通过政策表达方式表现出来的。新中国基础教育政策价值取向是通过不同历史时期具有特定行政效力的基础教育政策表现出来的。因此，要研究基础教育政策价值取向，就要研究那些体现基础教育政策价值取向的标志性政策。这些政策主要包含三个层级：一是国家总体性政策，二是综合性教育政策，三是基础教育的专项政策。

一、改革开放前影响基础教育的标志性政策

（一）恢复国民经济和社会主义改造阶段（从 1949 年新中国成立到 1956 年 5 月社会主义改造基本完成）

这一历史阶段对基础教育产生影响的标志性政策包括：

总体性政策：《中国人民政治协商会议共同纲领》（简称《共同纲领》）（1949 年 9 月 29 日通过）关于文化教育事业发展的论述、马叙伦在第一次全国教育工作会议上的开幕词（1949 年 12 月 23 日）是国家关于教育权力与责任分配的总体性文件；毛泽东关于"三好"的讲话[①]，是关于教育培养目标的总体性文件。

综合性教育政策：《政务院关于改革学制的决定》（1951 年 10 月）、《文化教育委员会关于文化教育工作的报告》（1953 年 9 月）。

基础教育专项政策：《关于接办私立中小学的指示》（1952 年 9 月 10 日）、《幼儿园暂行规程（草案）》、《小学暂行规程（草案）》、《中

---

① 1953 年 6 月 30 日，毛泽东在接见青年团第二次全国代表大会主席团成员时提出，"要使青年身体好、学习好、工作好"。

学暂行规程（草案）》（教育部 1952 年 3 月 18 日颁发试行）、《政务院关于整顿和改进小学教育的指示》（1953 年 11 月 26 日）、《政务院关于改进和发展中学教育的指示》（1954 年 4 月 8 日通过）、《教育部关于减轻中、小学校学生过重负担的指示》（1955 年 7 月 1 日）等。这些文件为确保新中国成立初期的教育秩序、建立社会主义基础教育制度体系奠定了基础。

（二）社会主义建设积极探索阶段（从 1957 年到 1966 年"文化大革命"开始）

这一阶段对基础教育产生影响的标志性政策包括：

总体性政策：毛泽东于 1957 年 2 月 27 日在最高国务会议上所作的《关于正确处理人民内部矛盾的问题》讲话、《中共中央、国务院关于教育工作的指示》（1958 年 9 月 19 日）、《中共中央关于试验改革学制的规定》（1959 年 9 月 24 日）、《国务院关于全日制学校的教学、劳动和生活安排的规定》（1959 年 5 月 24 日）和《中共中央、国务院关于保证学生、教师身体健康和劳逸结合问题的指示》（1960 年 5 月 15 日）。

综合性教育政策：中共中央、国务院批转教育部临时党组《关于克服中小学学生负担过重现象和提高教学质量的报告》（1964 年 5 月）、教育部在北京召开全国城市半工半读教育会议的相关文件（1965 年 10 月）、教育部发出的《关于增设农业基础知识课的通知》（1957 年 3 月）。

基础教育专项政策：《全日制小学暂行工作条例（草案）》和《全日制中学暂行工作条例（草案）》（中共中央 1963 年 3 月印发）、教育部《关于有重点地办好一批全日制中、小学校的通知》（1962 年 12 月 21 日）、教育部《关于指导中小学毕业生正确对待升学和就业问题的通知》（1957 年 2 月）、教育部《关于中学、师范学校设置政治课的通知》（1957 年 8 月）、教育部《关于调整和精简中小学课程的通知》（1964 年 7 月）。

这一阶段社会主义教育方针逐步形成。

（三）"文化大革命"阶段（从 1966 年 5 月到 1978 年党的十一届三中全会召开前）

这一阶段对基础教育工作产生影响的标志性政策包括《中国共产党中央委员会通知》（1966 年 5 月 16 日）、中国共产党八届十一中全会通过的《中共中央关于无产阶级文化大革命的决定》（1966 年 8 月 8 日）、《中国共产党第九次全国代表大会上的报告》（1969 年 4 月）、《关于大、中、小学校复课闹革命的通知》（1967 年 10 月）、中共中央批转《全国教育工作会议纪要》（1971 年 8 月 13 日）。"文化大革命"时期国家政治体制运行表现为非常规形式，本书对这一阶段教育政策价值取向不做深入分析。

二、改革开放以来影响基础教育的标志性政策

（一）改革开放初期，恢复和发展教育事业阶段（从 1978 年到 1985 年）

这一阶段对基础教育产生影响的标志性政策主要包括：

总体性政策：《中国共产党中央委员会关于建国以来党的若干历史问题的决议》（1981 年 6 月 27 日中国共产党第十一届中央委员会第六次全体会议一致通过）、《教育部党组关于建议中央撤销两个文件的报告》（中共中央 1979 年 3 月 19 日转发）、《中共中央国务院关于普及小学教育若干问题的决定》（1980 年 12 月 3 日）。1983 年，邓小平为景山学校题词"教育要面向现代化，面向世界，面向未来"，为教育发展提出了长远指导纲领。

综合性教育政策：1983 年 5 月，教育部、劳动人事部、财政部、国家计委联合颁发《关于改革城市中等教育结构，发展职业技术教育的意见》。中共中央国务院发出《关于加强和改革农村学校教育若干问题的通知》（1983 年 5 月）；1983 年 7 月，教育部在北京召开全国普通教育工作会议，着重研究加强和改进农村教育问题；1983 年 8 月，教

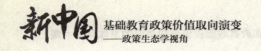

育部发出《关于普及初等教育基本要求的暂行规定》。

基础教育专项政策主要涵盖以下三个方面：

第一，关于恢复教师队伍建设的主要政策，包括《国务院批转教育部关于加强中小学教师队伍管理工作的意见》（1978 年 1 月 7 日）、《教育部、国家计委关于评选特级教师的暂行规定》（1978 年 12 月 17 日）、教育部全国教育工会颁发《中小学教师职业道德要求（试行草案）》并发布《中小学教师职业道德要求》。

第二，关于恢复规范办学的主要政策，包括：教育部颁发《全日制六年制重点中学教学计划（试行草案)》、《全日制五年制中学教学计划（试行草案）的修订意见》（1981 年 4 月 17 日）；教育部颁布《中学生守则》和《小学生守则》（1981 年 8 月 26 日）；教育部颁发《全日制五年制小学教学计划（修订草案）》（1981 年 3 月）；教育部颁发《幼儿园教育纲要（试行草案）》（1981 年 10 月）；教育部发出《关于当前中小学教育几个问题的通知》（1982 年 1 月），对纠正片面追求升学率倾向做出五点规定；1983 年 12 月，教育部颁发《关于全日制普通中学全面贯彻党的教育方针、纠正片面追求升学率倾向的十项规定（试行）》（吴遵民，2010）[229]。

第三，关于基础教育办学目标的政策，包括：教育部颁发《关于办好一批重点中小学试行方案》（1978 年 1 月），《教育部关于分期分批办好重点中学的决定》（1980 年 10 月），中共中央国务院发布《关于普及小学教育若干问题的决定》（1980 年 12 月）。

这一阶段的教育政策主要目的是恢复教育正常秩序，重建社会主义国家教育体系，明确了社会主义教育发展目标和发展方向。

（二）教育体制改革初步探索阶段（从 1985 年到 1992 年）

这一阶段对基础教育产生影响的标志性政策包括：

总体性政策：1985 年改革开放后第一次全国教育工作会议召开，颁布了《中共中央关于教育体制改革的决定》（以下简称《决定》）（1985 年 5 月 27 日），标志着我国教育改革与发展进入一个对教育体制进行全面改革的新时期；1986 年 4 月 12 日第六届全国人民代表大会第四次会议通过了《中华人民共和国义务教育法》（以下简称《义务教育法》），《义务教育法》的颁布开辟了我国立法机关制定教育单行法的先河，标志着我国基础教育开始走上依法治教的轨道（劳凯声，2009）。

综合性教育政策：1990 年 5 月，原国家教委发出《关于教育事业"八五"计划和十年规划工作有关问题的通知》；1990 年 6 月，原国家教委印发《全国中学升学和考试制度改革工作会议纪要》；1990 年 6 月，国务院发布《国务院关于修改〈征收教育费附加的暂行规定〉的决定》；1988 年 3 月，原国家教委、财政部颁布《关于加强普通教育经费管理的若干规定》。

基础教育专项政策：1989 年 7 月，原国家教委发出《关于九年制义务教育课程教材试验工作的通知》；1989 年 7 月，原国家教委发出《关于在普通高中试行毕业会考制度的意见》和《关于改革普通高等学校招生考试及录取新生办法的意见》；1990 年 2 月，原国家教委发出《关于重申贯彻〈关于减轻小学生课业负担过重问题的若干规定〉的通知》；1990 年 3 月，原国家教委发布《现行普通高中教学计划的调整意见》；1991 年 1 月，全国考试工作会议在南宁举行，会议确定"八五"期间全国将普遍实行高中会考；1991 年 2 月，原国家教委办公厅发出《九年制义务教育课程教材试验工作座谈会纪要》；1991 年 2 月，原国家教委发出《关于做好高考科目设置改革试点工作的通知》；同日，原国家教委印发《高中毕业会考后普通高校招生全国统一考试工作实施方案（试行）》。

这一阶段我国进一步通过立法和体制改革的方式，完善社会主义教育制度，进一步规范和完善国家基础教育课程建设、教材和考试制度，社会主义现代化教育体系得到进一步完善。

（三）建立与社会主义市场经济体制相适应的教育体制阶段（从 1992 年到 1999 年）

这一阶段对基础教育产生影响的标志性政策包括：

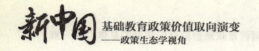

总体性政策：1992 年 10 月 12 日，江泽民在中国共产党第十四次全国代表大会上的报告《加快改革开放和现代化建设步伐，夺取有中国特色社会主义事业的更大胜利》。中共中央和国务院于 1993 年 2 月 13 日发布了《中国教育改革和发展纲要》（以下简称《纲要》），《纲要》指出，教育体制改革要采取综合配套、分步推进的方针，初步建立起与社会主义市场经济体制和政治体制、科技体制改革相适应的教育体制。1994 年 6 月，改革开放后第二次全国教育工作会议召开，会议强调要全面落实教育优先发展的战略地位，并具体动员和部署各地的"两基"任务。1995 年 3 月 18 日，第八届全国人民代表大会第三次会议正式通过了《中华人民共和国教育法》（以下简称《教育法》），我国教育法制建设迈出了关键性一步。1994 年 8 月 31 日，中共中央发布《关于进一步加强和改进学校德育工作的若干意见》。1997 年 9 月 12 日，江泽民在中国共产党第十五次全国代表大会上作报告《高举邓小平理论伟大旗帜，把建设有中国特色社会主义事业全面推向二十一世纪》。1993 年 11 月，中国共产党第十四届中央委员会第三次全体会议通过《中共中央关于建立社会主义市场经济体制若干问题的决定》。1996 年 3 月，李鹏在第八届全国人大四次会议上作出《关于国民经济和社会发展"九五"计划和 2010 年远景目标纲要的报告》，指出优先发展教育、提高国民素质，是我国现代化事业的百年大计。

这一历史阶段的国家总体性政策体现了建设社会主义市场经济体制和建设有中国特色社会主义的发展方向，进一步确立教育优先发展的战略地位，为规范和高速发展教育奠定了良好的政策环境和经济基础。

在全面推进教育综合改革的过程中，综合性教育政策主要涵盖两个方面：一是教育经费政策，一方面进一步加大教育投入，另一方面规范教育收费行为和办学行为；二是加强教师队伍建设，建立教师资格制度。

在推进教育综合改革方面，1992 年 9 月，原国家教委党组发出

《关于加快教育改革和发展的若干意见》。

在经费投入和收费管理方面，从1993年8月原国家教委发出《关于坚决纠正中小学乱收费的通知》，到1998年4月，教育部办公厅发出《关于进一步加强治理中小学乱收费工作的紧急通知》，在不到六年的时间里，教育部共下发了十个关于规范教育收费行为的文件。此外，这一阶段国家教育经费的投入注重向农村倾斜、向困难家庭倾斜的导向，以推进普及九年义务教育。1995年6月，原国家教委、财政部联合印发《中央义务教育专款（增量部分）使用管理办法》，该专款重点用于实施贫困地区义务教育工程。1995年7月，原国家教委、财政部联合发出《关于健全中小学学生助学金制度的通知》。

在加强教师队伍建设方面，进一步完善了教师培训制度，建立了教师资格制度。1994年11月，原国家教委印发《关于开展小学新教师试用期培训的意见》。1996年1月，原国家教委发出关于组织教育系统工作人员和教师认真学习和贯彻《教师资格条例》、《教师资格认定的过渡办法》的通知。1996年1月，原国家教委发出《关于开展幼儿园园长岗位培训工作的意见》，同时印发《全国幼儿园园长岗位培训指导性教学计划（试行草案）》。1996年1月，原国家教委印发《全国幼儿园园长任职资格、职责和岗位要求（试行）》。1998年8月，教育部办公厅发出《关于当前加强教师队伍管理的通知》。1996年12月，原国家教委颁布《关于"九五"期间加强中小学教师队伍建设的意见》。

基础教育专项政策主要涵盖三个方面：一是全面推进基本普及九年义务教育和基本扫除青壮年文盲工作（简称"普九"和"两基"）；二是全面推进素质教育，加强基础教育内涵发展；三是进一步加强高中教育，建设一部分优质高中。

"普九"和"两基"工作是这一阶段国家基础教育政策的历史性任务。从1993年至1998年共出台相关政策十余个。1993年3月，原国家教委颁布《普及九年义务教育评估验收暂行办法》。1994年9月，原国家教委发出《关于在九十年代基本普及九年义务教育和基本扫除青壮年文盲的实施意见》。1995年4月，原国家教委发出《关于进一步做好"两基"评估验收工作的若干补充意见》。1998年4月，教育部印发《关于贫困地区普及初等义务教育评估验收工作的意见》。相关配套性文件包括：1995年6月，原国家教委发出《关于进一步推动和完善初中入学办法改革的通知》；1995年6月，原国家教委印发《关于深入推进农村教育综合改革的意见》；1996年4月，原国家教委印发《城镇流动人口中适龄儿童、少年就学办法（试行）》；1996年5月，原国家教委、中国残疾人联合会联合印发《残疾儿童少年义务教育"九五"实施方案》；1998年3月，原国家教委、公安部印发《流动儿童少年就学暂行办法》；1998年11月，教育部发出《关于加强大中城市薄弱学校建设，办好义务教育阶段每一所学校的若干意见》；1998年12月，教育部发布施行《特殊教育学校暂行规程》。这些政策从总体上及招生考试、特殊教育、流动儿童、残疾儿童、农村贫困地区儿童等各方面保证了"普九"和"两基"目标的实现。

实施素质教育是这一阶段启动的国家基础教育政策。1992年8月，原国家教委发布《九年义务教育全日制小学、初级中学课程计划（试行）》和《24个学科教学大纲（试用）》。1997年10月，原国家教委制定了《关于当前积极推进中小学实施素质教育的若干意见》。1998年2月，原国家教委印发《关于推进素质教育调整中小学教育教学内容、加强教学过程管理的意见》。1998年3月，原国家教委颁发《中小学德育工作规程》。1998年3月，原国家教委印发《普通中小学和中等职业学校落实〈学校体育工作条例〉检查评估细则》与《普通中小学和中等职业学校落实〈学校卫生工作条例〉检查评估细则》，原国家教委办公厅发出《关于对全国培养体育后备人才试点中学和培养高水平学生运动员试点大学进行检查评估的通知》。这些政策从教育内容层面体现了推进素质教育的方向。

与此同时，国家再次提出减轻学生课业负担的政策，也体现了素质教育的政策导向。1993年3月，原国家教委发出《关于减轻义务教育阶段学生过重课业负担、全面提高教育质量的指示》。1994 年 11 月，原国家教委办公厅发出《关于全面贯彻教育方针，减轻中小学生过重课业负担的意见》。

在高中建设方面，这一阶段的教育政策体现了通过建设优质高中，加强高中建设的导向。1995 年 6 月，原国家教委印发《关于大力办好普通高级中学的若干意见》。1995 年 7 月，原国家教委发出《关于评估验收 1000 所左右示范性普通高级中学的通知》，以及《示范性普通高级中学评估验收标准（试行）》。1995 年 6 月，原国家教委印发《加强薄弱普通高级中学建设的十项措施（试行）》。

这一历史阶段，我国基础教育政策在适应社会主义市场经济体制发展的过程中，进一步得到完善，总体上健康发展。但由于教育经费相对不足和社会主义市场经济的思想和资源配置方式向教育系统的渗透，基础教育学校运行和管理政策方面出现了市场化和产业化倾向，在一定程度上制约了基础教育的健康发展（靳希斌，1998）[275]。

（四）进入新世纪，全面推进素质教育阶段（从 1999 年到 2010 年）

这一历史阶段，在基本普及义务教育的基础上，我国向进一步高水平普及义务教育和全面提高教育质量的方向发展。随着国家政治制度进一步稳定，经济发展水平不断提高，教育经费得到保障，基础教育发展进入推进内涵发展的历史阶段。这一阶段的基础教育政策主要体现在以下方面。

总体性政策主要包括：教育部于 1998 年 12 月 24 日发布的《面向21 世纪教育振兴行动计划》；中共中央、国务院于 1999 年 6 月 13 日发布的《关于深化教育改革全面推进素质教育的决定》；2002 年中国共产党第十六次全国代表大会上的报告《全面建设小康社会，开创中国特色社会主义事业新局面》；2003 年党的十六届三中全会通过的《关于完善社会主义市场经济体制若干重要问题的决定》；2004 年 3 月，国务院批转教育部《2003—2007 年教育振兴行动计划》；2004 年 2 月，《中共中央国务院关于进一步加强和改进未成年人思想道德建设的若干

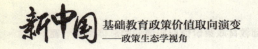

意见》；2006 年 10 月，党的十六届六中全会通过的《中共中央关于构建社会主义和谐社会若干重大问题的决定》；2007 年 10 月，党的十七大报告把教育放在改善民生和社会建设的突出位置，指出"教育是民族振兴的基石，教育公平是社会公平的重要基础"，促进教育公平成为国家的基本教育政策。

综合性基础教育政策主要涵盖以下五个方面。

一是在教育投入体制上进一步促进教育公平。出台的相关政策包括向农村倾斜的教育投入政策和向贫困家庭倾斜的助学政策。2000—2010 年国家先后出台了十多个向农村和西部欠发达地区倾斜的教育政策。其中包括：2000 年 4 月，教育部、国务院扶贫开发领导小组、中组部、原国家计委、财政部、人事部印发《关于东西部地区学校对口支援工作的指导意见》等对口支援政策；2001 年 6 月，教育部、财政部印发《关于对全国部分贫困地区农村中小学生试行免费提供教科书的意见》；2002 年 4 月，国务院办公厅发出《关于完善农村义务教育管理体制的通知》；2003 年 9 月，《国务院关于进一步加强农村教育工作的决定》等综合性政策；2005 年 2 月，财政部、教育部提出《关于加快国家扶贫开发工作重点县"两免一补"实施步伐有关工作意见》，实施对农村地区义务教育的"两免一补"等资助政策；2005 年 12 月，国务院发布《关于深化农村义务教育经费保障机制改革的通知》，进一步强化政府对农村义务教育的保障责任，普及和巩固九年义务教育等财政倾斜政策；2006 年 5 月，教育部、财政部、人事部、中央编办发出《关于实施农村义务教育阶段学校教师特设岗位计划的通知》，启动了农村教师特岗计划。

与此同时，国家还出台了向困难家庭学生提供补助的财政性助学政策。2001 年 9 月，教育部、财政部、国务院扶贫开发领导小组办公室发出《关于落实和完善中小学贫困学生助学金制度的通知》。

此外，随着经济社会发展，流动人口子女入学成为城市教育的新现象、新问题。2003 年 9 月，国务院办公厅转发教育部等部门《关于进一步做好进城务工就业农民子女义务教育工作的意见》，建立了相对规范的流动人口子女入学政策。

二是在教育发展水平上进一步促进教育均衡发展。在推进教育公平和基本完成"两基"任务后，国家启动了推进义务教育均衡发展的政策。2005 年 5 月，教育部颁布《关于进一步推进义务教育均衡发展的若干意见》。

三是在教育管理上进一步规范教育收费行为，促进教育健康发展。治理教育收费依然是这一时期规范基础教育办学行为的主题。2001 年 2 月，教育部、原国家计委、财政部发出《关于坚决治理农村中小学乱收费问题的通知》。2001 年 6 月，国务院纠风办、教育部印发《关于进一步做好治理教育乱收费工作的意见》。此后每年国家七部委都会联合出台相关政策，规范教育收费并进行专项检查。为了进一步规范义务教育收费，相关部委还出台了"一费制"政策。2001 年 11 月，原国家计委、财政部、教育部发出《关于坚决落实贫困地区农村义务教育阶段试行"一费制"收费制度的通知》。2004 年 3 月，教育部、国家发展改革委、财政部印发《关于在全国义务教育阶段学校推行"一费制"收费办法的意见》。

四是在办学条件上进一步推进标准管理，保障校舍安全。新世纪以来，随着教育投入的增加，国家出台政策对全国中小学校舍进行了全面改造，确保学校安全。2001 年 2 月，国务院办公厅转发《教育部、国家计委、财政部关于实施中小学危房改造工程的意见》；2004 年 4 月，教育部、国家发展改革委、财政部、建设部印发《关于进一步加强农村中小学危房改造工程管理的意见》；2008 年汶川地震后，《教育部、住房和城乡建设部关于做好学校校舍抗震安全排查及有关事项的通知》的发布，标志着新中国成立以来最大规模的校舍安全工程全面启动。

五是进一步加强教师队伍建设，完善教师资格制度。这一阶段先后出台了教师和干部培训规定和资格证制度。1999 年 9 月，教育部发

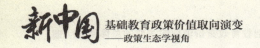
布《中小学教师继续教育规定》；1999 年 12 月，教育部发布《中小学校长培训规定》；2000 年 9 月，教育部发布《〈教师资格条例〉实施办法》；2001 年 8 月，教育部印发《教师资格证书管理规定》；2006 年 8 月，教育部办公厅发出《关于启动实施全国中小学班主任培训计划的通知》；以《教育部关于做好义务教育学校教师绩效考核工作的指导意见》为标志，对全国义务教育教师开始实施绩效工资制度，教师工资不低于公务员标准。

这一阶段，基础教育专项政策主要涉及进一步推进素质教育、启动新一轮课程改革、加强德育和体育工作等方面。以 2001 年 6 月教育部印发《基础教育课程改革纲要（试行）》为标志，我国进入第八次基础教育课程改革阶段。此后出台了一系列相关政策，如 2001 年 6 月，教育部发布《中小学教材编写与审定管理暂行办法》。以 2004 年 8 月《中共中央国务院关于进一步加强和改进未成年人思想道德建设的若干意见》为标志，中小学德育工作进入新的发展时期，国家相关部门形成了加强德育工作的联动机制。2004 年 3 月，教育部发布《中小学生守则》、《小学生日常行为规范（修订）》和《中学生日常行为规范（修订）》，于 2004 年 9 月 1 日起施行。2009 年 8 月，教育部印发《中小学班主任工作规定》。伴随 2008 年北京奥运会的召开，学校体育工作得到进一步加强。2008 年 8 月，教育部印发《中小学体育工作督导评估指标体系（试行）》以及开展"阳光体育"活动的工作安排。在推进素质教育过程中，学生负担问题一直困扰教育行政部门，2000 年 1 月，教育部发出《关于在小学减轻学生过重负担的紧急通知》，并组织国家督学对部分省、自治区、直辖市贯彻落实情况进行专项督导检查。

新世纪以来，国家基础教育得到快速发展，教育投入不断提高，办学条件不断改善，教育均衡成为义务教育发展主题，课程改革推进了素质教育，教育内涵发展不断深化，教师政策不断完善，教师待遇得到基本保障，教育质量不断提高。随着社会经济的发展，人民群众对高质量教育的要求也不断提高，教育在一定程度上不能满足人民群众对"上好学"的需求，择校问题成为基础教育政策难题。学生负担相对较重，素质教育任务还非常艰巨。

（五）加快从教育大国向教育强国迈进阶段（从 2010 年到 2020 年）

以 2010 年召开新世纪以来第一次全国教育工作会议和《国家中长期教育改革和发展规划纲要（2010—2020 年)》出台为标志，新中国教育事业进入新的历史发展阶段。这一阶段基础教育发展的主题和重点任务是推进义务教育均衡发展和高中教育多样化发展。为此，陆续出台了《国务院关于深入推进义务教育均衡发展的意见》和对县域义务教育均衡发展进行评估的政策。此外，为提高教育质量，出台了《全国教育人才发展中长期规划（2010—2020 年)》、《教育部、财政部关于实施"中小学教师国家级培训计划"的通知》，以提高教师水平。此外还启动了一系列国家级教育体制改革项目，推进基础教育发展。

新中国基础教育政策发展伴随国家政治、经济、社会和文化等政策环境的变化而变化，经历了改革开放前和改革开放后两个历史时期的八个历史阶段，得到了逐步发展和完善，初步建立了中国特色社会主义基础教育政策体系，主要包括基础教育权力和责任分配的政策体系、基础教育受教育权利和机会分配的政策体系和基础教育办学及教学政策体系等，基础教育发展得到相对稳定的政策保证。新中国基础教育和基础教育政策的发展经历了两次历史性恢复阶段。一次是发生在新中国成立初期，经过社会主义改造，国家初步建立了社会主义的基础教育制度体系。第二次是发生在改革开放初期，经过"拨乱反正"，国家各项事业开始逐步恢复，基础教育政策体系也在这一阶段得到了初步恢复。新中国基础教育政策在曲折中发展，在探索中前进。新中国基础教育政策的发展总体上一脉相承，改革开放前和改革开放后两个历史时期都是社会主义制度不断发展的时期，也是社会主义基础教育政策体系不断完善和探索的时期，初步建立的中国特色社会主义基础教育政策体系是对世界基础教育发展的有益探索和有效补充。

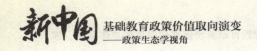
■ 第三节　基础教育政策价值取向的描述性分析

新中国基础教育政策价值取向的研究属于政策价值分析范畴。陈振明主编的《政策科学》（陈振明，1998）[513-516]和刘复兴著《教育政策的价值分析》（刘复兴，2003a）[82]，均采用了邓恩（转引自那格尔，1990）[636-637]的价值评价的"伦理观"的分类标准，把价值分析方法主要分为三类：一是描述性方法，二是规范性方法，三是超伦理方法。本书基于教育史和政治学研究视角，对新中国基础教育政策价值取向的研究将主要采用描述性方法。

一、政策价值分析的描述性方法

描述性方法也称为经验性研究方法。这种方法主要是对政策表现出的价值现象和价值观进行分类、描述和概括，对体现价值选择和价值取向的政策行为方式、行为过程和行为目标进行描述和分析。描述性方法的政策价值分析是基于教育政策价值选择、合法性和有效性的客观表达和过程效果的客观性研究，是基于教育政策原始材料和数据的客观分析。描述性研究的主要方法包括：社会调查法（如问卷和访谈）、描述性分析、德尔菲法（匿名通信、反复征求意见的分析方法）、决策分析、预算分析以及文献法。本章研究主要采用文献法。

文献法是对文献进行查阅、分析、整理，从而找出事物本质属性的一种研究方法。教育政策研究中的文献研究方法主要是以教育政策文本为对象，对教育政策价值选择、政策价值观和政策行为方式、过程和目标进行描述分析，并从中总结归纳出教育政策价值的本质属性及其共性。文献法的局限性是往往只能揭示政策文本的表面含义，只能反映政策文本的具体特征和政策文本包含的具体价值含义。根据当代西方"批评理论"所倡导的批评性研究（刘复兴，2003a）[83]，为了克服传统文献研究方法的局限性，教育政策研究过程中要研究政策话语、文本结构性质，研究政策文本或其他表达形式与决策主体之间关系，研究政策文本与利益主体的关系等影响政策价值选择和价值观念的因素。总之，本文在采用描述性研究方法的过程中，不仅研究教育政策的文本文献，还研究文本形成过程、表达方式，以及政策文本的决策主体和利益主体的相互关系，研究文本的"隐喻"价值等文本背后的内容，从而使政策价值研究实现最大的客观性和科学性。

二、基础教育政策价值取向表述的层次与类型

新世纪以来，我国研究者对新中国教育政策价值的研究进入一个相对丰富的时期。这一方面反映出我国学者对教育政策研究的关注度的提升，另一方面反映出国家政策决策体系和政策研究环境的不断改善。这是对国家教育政策及各方面政策科学发展的积极支持的良好表现。

（一）新世纪以来我国基础教育政策价值取向研究概况

新世纪以来我国学者对基础教育政策价值取向研究主要采用描述性研究方法。主要的政策价值取向表达形式如下：劳凯声、刘复兴（2000）认为，当代我国教育政策应建立的价值取向包括"以人为本"、"教育平等"、"效益优化"、"可选择性"、"多样性"等。祁型雨（2006）从政府政策行为角度提出三种价值取向，即公共利益的价值取向、团体利益的价值取向、个人利益的价值取向；他从教育政策价值取向的合理规定性角度提出了国家发展价值取向与教育发展价值取向的统一、公平价值取向与效率价值取向的统一。魏峰、张乐天（2010）认为，新时期我国教育政策应确立"以人为本"、"公共性"和"正义"的价值取向。吴遵民、邓璐（2011）对新世纪十年中国教

育政策价值基础进行了历史回顾和反思，提出"科教兴国"战略体现了教育的功利价值取向，教育优先发展理念体现了教育经济功能价值取向，学习化社会体现了人的价值取向。赖秀龙（2009）从教育与政治、经济、社会和文化关系的角度，分析了新中国成立以来我国基础教育政策价值取向的嬗变，提出我国基础教育政策在新中国成立初期体现了"教育促进政治与经济发展价值取向"，在"文化大革命"期间体现了"教育政治价值至高无上"的价值取向，改革开放后体现了"教育促进经济、科技与文化发展"的价值取向。李明霞（2009）在研究改革开放以来我国高等教育价值取向过程中提出，从宏观层面看有"教育自身发展的取向"、"政治的取向"、"经济的取向"；从微观层面看有"公平的取向"、"以人为本"的取向。邢利娅、白星瑞（2008）对新中国成立后我国学前教育政策价值取向演变进行研究，指出新中国成立至"文化大革命"前学前教育政策价值取向主要表现为偏重社会需求、强调整齐划一；改革开放以来学前教育政策价值取向体现为以儿童的全面和谐发展为本、尊重差异并倡导多元化教育路径、关注处于弱势地位的儿童。

以上研究反映出当前我国教育政策价值取向研究体现了以下特点：

一是基本采用了描述性研究方法。对教育政策价值取向的研究基本反映的是对政策文本的直接引述或是对教育政策文本的"隐喻"表达。这种表述体现了价值取向表达的直接性，但缺少统一的规范性。

二是教育政策价值取向表述没有形成相对统一的逻辑体系。虽然每一研究都具有自己的逻辑体系，但还没有形成相对规范统一的逻辑表述体系。

（二）基础教育政策价值取向研究的逻辑体系

根据第一章建立的基础教育政策二级分类法，本研究对以上研究结果进一步系统归类，形成我国基础教育政策价值取向分析的二级分类逻辑体系（见图2-1），为继续深入进行本研究奠定逻辑基础。

```
                    ┌─ 基础教育在国家总体政策中的权力和责任分配政策
                    │   的价值取向
        基础教育办学权力和责  ┤  基础教育在国家教育总体政策中的权力和责任分配
        任分配政策价值取向   │   政策的价值取向
                    │
                    └─ 基础教育在各级教育组织中的权力和责任分配政策
                        的价值取向

基                  ┌─ 基础教育起点的受教育权利和机会分配政策的价值
础                  │   取向
教   基础教育受教育权利和  ┤  基础教育过程的受教育权利和机会分配政策的价值
育   机会分配政策价值取向  │   取向
政                  │
策                  └─ 基础教育结果的受教育权利和机会分配政策的价值
价                      取向
值
取                  ┌─ 育人目标政策的价值取向
向   基础教育育人目标及课  ┤
    程与评价政策价值取向  ┤  育人过程政策的价值取向
                    │
                    └─ 育人效果评价政策的价值取向
```

图 2 - 1　基础教育政策价值取向二级分类逻辑体系

一是关于基础教育办学权力和责任分配政策价值取向。这是国家教育的总体政策的价值取向。主要的基础教育政策价值取向表述有："教育优先发展"、"公共性"、"正义性"、"教育自身发展的取向"、"科教兴国"、"人才强国"等。以上表述可以分为三类，分别是：基础教育在国家总体政策中的权力和责任分配政策的价值取向，基础教育在教育总体政策中的权力和责任分配政策的价值取向，基础教育在国家、地方和教育组织中的权力和责任分配政策的价值取向。

二是关于基础教育受教育权利和机会分配政策价值取向。这是国家教育的基本政策的价值取向。其价值取向表述有："教育平等"、"效益优化"、"可选择性"、"多样性"、"尊重差异并倡导多元化教育路径"、"关注处于弱势地位的儿童"等。以上表述也可以分为三类，分别是：基础教育起点的受教育权利和机会分配政策价值取向、基础教育过程的受教育权利和机会分配政策价值取向、基础教育结果的受教育权利和机会分配政策价值取向。

三是关于基础教育育人目标及课程与评价政策价值取向。这是国家教育的具体政策的价值取向，如"以人为本"、"儿童的全面和谐发展为本"等。以上表述可以分类为：育人目标政策的价值取向，如政治取向、经济取向、以人为本取向；育人过程政策的价值取向（课程及教学），如知识取向、实践取向、素质取向；育人效果评价政策的价值取向，如学术成绩价值取向、全面能力评价、过程综合评价等。

（三）基础教育政策价值取向表述的分类

不同国家的教育政策价值取向的表述受其政治经济和文化等方面的影响，表现为不同的价值取向类型。

本书将我国基础教育政策价值取向表述分为以下五种类型（见图2－2）：一是政治性价值取向表述，其体现的是政策主体遵循政治规律的政治性价值目标，如"阶级性"、"工具性"、"平等性"、"公共性"等。二是经济性价值取向表述，其体现的是政策主体尊重经济规律的经济性价值目标，如"科教强国"、"教育优先"、"效益优化"等。三是社会性价值取向表述，其体现的是政策主体遵循社会学规律的社会性价值目标，如"公平性"、"可选择性"、"多样性"等。四是文化性价值取向表述，其体现的是政策主体遵循文化规律的文化性价值目标，如"多元文化理解"、"知识取向"、"实践取向"、"能力取向"等。五是教育性价值取向表述，其体现的是政策主体尊重教育规律的教育性价值目标，如"以人为本"、"全面发展"、"终身学习"等。

新中国基础教育政策价值取向表述	政治性价值取向表述："阶级性"、"工具性"、"平等性"、"公共性"等
	经济性价值取向表述："科教强国"、"教育优先"、"效益优化"等
	社会性价值取向表述："公平性"、"可选择性"、"多样性"等
	文化性价值取向表述："多元文化理解"、"知识取向"、"实践取向"、"能力取向"等
	教育性价值取向表述："以人为本"、"全面发展"、"终身学习"等

图2－2　新中国基础教育政策价值取向表述分类

基础教育政策价值取向的逻辑体系和表述类型为下一章对新中国基础教育政策价值取向的阶段性分析奠定了工具和逻辑基础。

基础教育政策价值取向演变
——政策生态学视角

—— 第三章 ——

新中国基础教育政策价值取向演变的阶段分析

本章基于第二章关于新中国基础教育政策发展的历史阶段划分和各阶段标志性政策的变化，从政策文本出发，结合教育政策价值取向的描述性分类方法，对新中国基础教育政策价值取向的演变进行阶段分析。

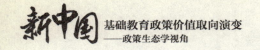
■ 第一节　改革开放前的基础教育政策及其价值取向

改革开放前基础教育政策发展可以分为三个历史阶段。分别是：恢复国民经济和社会主义改造阶段（1949 年新中国成立至 1956 年完成社会主义改造）、社会主义建设积极探索阶段（1957 年至 1966 年）和"文化大革命"阶段（1966 年 5 月至 1978 年十一届三中全会召开前）。

一、新中国成立初期恢复国民经济和社会主义改造阶段

以下从三个方面对社会主义改造阶段基础教育政策价值取向进行分析。

（一）基础教育办学权力和责任分配政策的价值取向

新中国成立初期，社会主义改造阶段，是新中国基础教育的权力和责任分配政策确立的起点，本文主要从以下三个方面进行归纳。

1. 基础教育在国家总体政策中权力和责任分配政策的价值取向

社会主义改造阶段，基础教育在国家总体政策中的权力和责任分配与国家对文化和教育的总体政策相同。《中国人民政治协商会议共同纲领》（简称《共同纲领》）（1949 年 9 月 30 日通过）和马叙伦在第一次全国教育工作会议上的开幕词（1949 年 12 月 23 日）中，确立了新中国成立初期教育权力与责任分配问题，体现了基础教育的政治性价值取向，如阶级性、工具性等，以及社会性价值取向，如公益性、公共性等。

基础教育的阶级性、工具性是由新中国成立初期新民主主义文化和教育的性质决定的。1949 年 9 月 21 日至 30 日，中国人民政治协商会议第一次全体会议在北京举行，会议通过了《中国人民政治协商会

议共同纲领》。这一文件于当年 10 月 1 日，即新中国成立之时，被确立为政府的施政纲领。《共同纲领》第五章是关于"文化教育政策"，其中第四十一条明确指出："中华人民共和国的文化教育为新民主主义的，即民族的、科学的、大众的文化教育。人民政府的文化教育工作，应以提高人民文化水平，培养国家建设人才，肃清封建的、买办的、法西斯主义的思想，发展为人民服务的思想为主要任务。"这是新民主主义文化教育的性质和任务的表达，也是新中国成立后第一个明确表述的教育方针。这一方针中"人民政府的文化教育工作，应以提高人民文化水平，……肃清封建的、买办的、法西斯主义的思想，发展为人民服务的思想为主要任务"体现了教育的"政治性"价值取向。在《共同纲领》的指导下，教育部于 1949 年 12 月 23 日，召开了新中国第一次全国教育工作会议。马叙伦在开幕式上的致辞进一步重申了新中国教育的性质和发展的基本思路，也体现了教育的"政治性"价值取向。他强调，"中国的旧教育是帝国主义、封建主义和官僚资本主义统治下的产物，是旧政治旧经济的一种反映，和旧政治旧经济借以持续的一种工具。……现在，随着帝国主义和封建买办的统治在中国的告终，中国旧教育的政治经济基础是基本上被摧毁了。替代这种旧教育的应该是作为反映新的政治经济的新教育，作为巩固和发展人民民主专政的一种斗争工具的新教育"（中国教育年鉴编辑部，1984）[683]。这段讲话体现了新中国教育的工具性价值取向。

　　基础教育的公共性价值取向，也是由新民主主义文化和教育的性质决定的。《共同纲领》中关于"中华人民共和国的文化教育为民族的、科学的、大众的文化教育"和"发展为人民服务的思想"的表述体现了教育公共性的价值取向。

　　基础教育的公益性价值取向是伴随着社会主义改造过程而体现的。新中国成立初的两三年内，国家在接管旧中国留下的"旧教育"的过程中，采取了基本保持原有学校，"逐步改革旧教育制度、教育内容和教学法"的方针。当时从旧中国接管的初等学校有 34.67 万所，在校

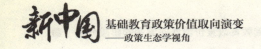

学生 2439 万人，中等学校有 5216 所，在校学生 1268 万人。其中公立初等学校占总数的 97%，公立中等学校占总数的 73%（李国钧，王炳照，1999）[185]。1952 年 6 月 14 日，毛泽东在中共北京市委《关于北京市中小学校学生负担及生活情况的报告》上批示："如有可能，应全部接管私立中小学。"同年 9 月 10 日，教育部发出《关于接办私立中小学的指示》，决定自 1952 年下半年至 1954 年，将全国私立中小学全部由政府接办，改变为公立（李国钧，王炳照，1999）[186]。从此，新中国基础教育的公益性价值取向得到确立。

2. 基础教育在国家教育总体政策中权力和责任分配政策的价值取向

新中国成立初期，社会主义改造时期，基础教育在国家教育总体政策中的权力和责任主要体现了基础性和普及性的价值取向，这既是政治性价值取向的体现，也是社会性价值取向的体现。1951 年 10 月 1 日，新中国公布了第一个学制，即"五一学制"。《政务院关于改革学制的决定》中指出，"我国原有学制（即各级各类学校的系统）有许多缺点，其中最重要的，是工人、农民的干部学校和各种补习学校和训练班，在学校系统中没有应有的地位；初等学校修业六年并分为初高两级的办法，使广大的劳动人民子女难于受到完全的初等教育"。"五一学制"相对完整地规范了我国学制，其中 3—6 岁为幼儿园阶段，7—12 岁为小学阶段，并调整为五年一贯制，12—18 岁为中等教育，分为初级中学和高级中学各三年。此外还规定了高等教育、职业教育的学制安排。"五一学制"的最大特点是为适应新中国成立初期全民普及教育，尤其是工农群众普及教育的需求，将工农速成初等学校和中等学校、业余初等学校和中学、识字学校等纳入各阶段学制体系中，使新中国成立初期全民提高文化知识水平的普及教育有了制度保障。"五一学制"的确立，体现了基础教育在国家教育总体政策中基础性和普及性的价值取向（中国教育年鉴编辑部，1984）[686]。

3. 基础教育在国家、地方和教育组织中的权力和责任分配政策的价值取向

社会主义改造时期，国家的基础教育权力和责任分配政策体现了"中央高度集权"的政治性价值取向。1950—1954 年，政务院、教育部先后发布了《关于接办私立中小学的指示》（1952 年 9 月 10 日）、《幼儿园暂行规程（草案）》、《小学暂行规程（草案）》、《中学暂行规程（草案）》（教育部 1952 年 3 月 18 日颁发试行）、《政务院关于整顿和改进小学教育的指示》（1953 年 11 月 26 日）、《政务院关于改进和发展中学教育的指示》（1954 年 4 月 8 日）等文件。这些文件对各级政府和学校的领导体制做了详尽而又明确的规定，主要精神是对教育实行集中统一的领导。这充分体现了新中国成立初期基础教育管理体制政策中"中央集权"的价值取向。

（二）基础教育受教育权利和机会分配政策的价值取向

受教育权利和机会分配政策主要体现在入学政策、升学政策和毕业政策等方面，即基础教育起点的受教育权利和机会分配、过程的受教育权利和机会分配以及结果的受教育权利和机会分配政策。

1. 基础教育起点的受教育权利和机会分配政策价值取向

新中国基础教育起点的受教育权利和机会分配政策与旧中国相比，发生了翻天覆地的变化。这一阶段的基础教育入学政策主要体现了公平性、全民性这种社会性价值取向，相对旧中国基础教育受教育权利的不公平来说，基础教育受教育机会的公平性和全民性也是政治性价值取向的体现。《共同纲领》和"五一学制"，为国家全体适龄儿童，尤其是普通百姓子女公平接受基础教育奠定了政策基础，确保了基础教育受教育权利的公平，并在一定程度上（同一区域内）保障了受教育机会的公平。此外，由于新中国成立初期，文盲数量很大，国家基础教育不仅要满足适龄儿童学习的需要，还要承担扫除青壮年文盲的任务，因此"五一学制"也为全民性普及基础教育提供了政策保障。这是新中国成立初期一个重要的教育历史现象，对整体提高全民素质

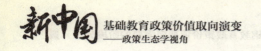

提供了政策保证。所以全民性价值取向也是这一时期受教育权利和机会分配的一个特点。

2. 基础教育过程和结果的受教育权利和机会分配政策价值取向

基础教育过程的受教育权利和机会分配主要体现在升学和毕业政策中。新中国成立初期，国家尚未实施义务教育，小学和中学升学主要依据考试成绩。这种考试性升学和毕业政策体现了"能力优先"价值取向。这既是教育性价值取向的体现，也是经济性价值取向的体现。1952年3月18日教育部颁布的《中学暂行规程（草案）》中指出，凡小学毕业或具有同等学力者得报考初级中学，初级中学毕业或具有同等学力者得报考高级中学，不分性别、民族、宗教信仰，经入学考试录取者，均得入学。《中学暂行规程（草案）》中还规定了留级、转学、休学、退学及毕业等政策。这些政策都体现了能力性价值取向。关于中学毕业政策的规定中指出，"学生修完初级中学或高级中学三年课程，各科学年成绩和操行成绩均及格者，准予毕业。由学校根据中央教育部规定格式制定毕业证书，报经省、市文教厅、局审核验印后发给"（中国教育年鉴编辑部，1984）[729]。

（三）基础教育育人目标及课程与评价政策的价值取向

基础教育育人目标及课程与评价政策是基础教育的具体政策。新中国成立初期，社会主义改造阶段的育人目标政策体现了阶级性、全面发展、功利性、工具性的价值取向。这是政治性价值取向、经济性价值取向和教育性价值取向的综合体现。也就是说，新中国成立初期我国基础教育育人目标和课程在尊重教育规律的基础上还遵循了政治发展规律和经济发展规律。1952年颁布的《小学暂行规程（草案）》指出，"小学教育的宗旨是：根据新民主主义的教育方针和理论与实践一致的教育方法，给儿童以全面的基础教育，使他们成为新民主主义热爱祖国和人民的、自觉的、积极的成员"。《中学暂行规程（草案）》指出，"中学教育的任务，是用马克思列宁主义的理论与中国革命实践相结合的毛泽东思想和普通文化知识教育青年一代，使他们身心获得全面发展，以便为升入高等学校或参加建设工作打好基础"（中国教育年鉴编辑部，1984）[727]。两个规程都指出，中、小学应对学生实施智育、德育、体育、美育等全面发展的教育。这些关于中小学教育目标的描述反映了政治性、全面发展和功利性的价值取向。

育人目标的价值取向直接影响了育人过程的政策。社会主义改造阶段，中小学课程和教学政策体现在课程计划中。《小学暂行规程（草案）》第十八条规定，小学教学计划包括：语文、算术、自然、历史、地理、体育、图画和音乐课程。《中学暂行规程（草案）》第十四条规定，中学教学计划课程包括：本国语文、数学（算术、代数、几何、三角、解析几何）、物理、化学、生物（植物、动物、生理卫生、达尔文理论基础）、地理、历史、中国革命常识、社会科学基础知识、共同纲领、时事政策、外国语、体育、音乐、美术、制图（中国教育年鉴编辑部，1984）[729]。在教学方法上，《中学暂行规程（草案）》第十八条指出，"中学教师应根据理论与实际一致的教育方法，结合革命斗争和国家建设实际，进行教学，以达到学以致用的目的。自然科学的教学尤应力求与现代生产技术相结合，采用实验、实习、参观等实物教学法，使学生理解一般生产过程的基本原理与最简单最基本的生产工具的使用方法"（中国教育年鉴编辑部，1984）[730]。这些课程设置一定程度上体现了"知识与实践相结合"和政治性的教学价值取向。

在育人效果评价政策方面，注重过程性和全面性评价。《小学暂行规程（草案）》第二十四条规定，小学儿童学业成绩考查，依照"平时考查"、"学年考查"、"毕业考查"进行（中国教育年鉴编辑部，1984）[728]。平时考查由教师用口述和笔述提问题，儿童口答或笔答，随时就成绩记分，每月至少两次，每学期总结两次，一学年共总结四次。学年考查由教师于学年终根据儿童平时成绩发展情况，酌定分数，作为学年总成绩，不举行学年考试。毕业考试由教师于儿童毕业时分科举行，和第五学年成绩结合起来作为毕业成绩。《中学暂行规程（草案）》第二十二条规定，中学学生成绩采用学业成绩、操行成绩和体育成绩相结合的综合评价办法（中国教育年鉴编辑部，1984）[730]。从以上规定可以看出，新中国成立初期，基础教育育人效果评价体现了"过程综合评价"的价值取向，基本遵循了教育学规律，体现了教育性价值取向。但在具体的教育实践过程中，学校和教师出现了一些违背教育规律的现象，学生的课业负担出现过重现象。1955 年 7 月 1 日，教育部下发了新中国成立以来第一个"减负"的文件，即《教育部关于减轻中、小学校学生过重负担的指示》。文件中归纳总结了新中国成立以来，尤其是 1954 年发生的学生负担过重的现象和问题，从改善教材、提高教师水平、改进学校领导、掌握教材分量和授课进度、减轻课外作业、改善考试制度和平时考查、改进课外活动、遵守作息时间等方面提出了具体要求。这一文件的下发也体现了基础教育育人效果评价政策的教育性价值取向。

社会主义改造阶段，确立了新中国教育政策的雏形，奠定了社会主义教育政策的基础。这些政策在新中国社会主义教育政策发展中得到了继承和发展。

二、社会主义建设积极探索阶段

以下从三个方面对这一阶段基础教育政策价值取向进行分析。

（一）基础教育办学权力和责任分配政策的价值取向

社会主义建设积极探索阶段，国家基础教育政策在曲折探索中前行。

1. 基础教育在国家总体政策中的权力和责任分配政策的价值取向

这一历史阶段，国家的教育主权进一步加强，基础教育在国家总体政策中的权力和责任分配的政治性价值取向进一步突出。1958 年 9 月 19 日发布的《中共中央、国务院关于教育工作的指示》在总结新中国成立九年来教育工作成绩的基础上，进一步明确了教育方针和教育工作的改革重点。文件指出新中国成立九年来教育工作在党的领导下取得的巨大成绩包括："从帝国主义者手里收回了教育主权；妥善地接收了全国的学校；取消了国民党反动派对学校的法西斯管理制度和对学生的法西斯教育和特务统治；建立起社会主义的教育制度……"文件还指出，"党的教育工作方针，是教育为无产阶级的政治服务，教育与生产劳动结合；为实现这一方针，教育工作必须由党来领导。没有党的领导，社会主义的教育是不能设想的"，"一切教育行政机关和一切学校，应该受党委的领导；党委应该注意在学校师生中发展党和青年团的组织。中央人民政府各部门所属学校，在政治上应该受当地党委的领导"（中国教育年鉴编辑部，1984）[688]。《中共中央、国务院关于教育工作的指示》从总体上对包括基础教育在内的教育机构的政治权力和责任进行了明确，教育的政治性价值取向得到根本体现。随着教育政治性价值取向的加强，对包括教师在内的知识分子的思想改造也在教育系统得以开展。毛泽东于 1957 年 2 月 27 日在最高国务会议第十一次（扩大）会议上作《关于正确处理人民内部矛盾的问题》的讲话，指出"为了充分适应新社会的需要，为了同工人农民团结一致，知识分子必须继续改造自己，逐步地抛弃资产阶级的世界观而树立无产阶级的、共产主义的世界观"。这一时期教育的阶级性、工具性等政治性价值取向得到强化和实践。

2. 基础教育在教育总体政策中权力和责任分配政策的价值取向

这一时期，国家基础教育的"基础性"、"普及性"价值取向也得到进一步加强。基础教育事业得到快速发展。1959 年 9 月 24 日《中共中央关于试验改革学制的规定》进一步加强改革学制的试验，在规范全国各地开展学制改革的过程中，推广小学五年一贯制，以提高普及小学的规模。全国小学数量从 1955 年的 504077 所，增加到 1958 年的 776769 所；中学数量从 1955 年的 6212 所，增加到 1958 年的 52106 所。在校小学生数从 1955 年的 5312.6 万人，增加到 1958 年的 8640.3 万人；中学生数从 1955 年的 447.3 万人，增加到 1958 年的 1199.8 万人。在小学教育快速普及的过程中，有些地区超出了可能的条件，影响了

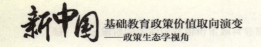

教育质量。1957 年，教育部召开第三次全国教育行政会议，提出："小学教育的发展必须打破由国家包下来的思想，在城市里，要提倡街道机关、厂矿企业办学校；在农村，要提倡群众集体办学，允许私人办学。中学的设置，应适当分散，改变过去规模过大、过分集中在城市的缺点。"基础教育的多元化办学为扩大规模、实现普及性价值取向奠定了行政基础。这一时期基础性和普及性的价值取向既是教育社会性价值取向的表现，也是政治性价值取向的要求。

3. 基础教育在国家、地方和教育组织中权力和责任分配政策的价值取向

这一时期，基础教育管理权经历了 1958 年教育行政管理权下放和 1963 年教育行政机构调整，基础教育的权力和责任从中央逐步下放，形成以地方和基层为主的管理模式。1958 年 2 月 1 日，中华人民共和国第一届全国人民代表大会第五次会议通过《关于调整国务院所属组织机构的决定》，高等教育部和教育部合并成立教育部，3 月 1 日起正式合并办公。1963 年 10 月 23 日，国务院第 137 次全体会议决定，教育部分设为教育部和高等教育部。1964 年 3 月两部正式分开办公。1958 年 8 月 4 日，中共中央、国务院颁布《关于教育事业管理权力下放问题的决定》，指出：教育部应集中主要精力研究和贯彻执行中央的教育方针和政策，综合平衡全国的教育事业发展规划；在中央领导下协助地方党委进行政治思想工作，指导教学和科学研究工作（李国钧，王炳照，1999）[151]。基础教育管理权下放到基层行政部门后，出现了教育管理"弱化"、"浮夸"等现象，教育经费被大量挤占、挪用现象。为此，国务院于 1959 年 11 月 24 日批转了教育部、财政部《关于进一步加强教育经费管理的意见》，此后财政部和教育部又先后于 1960 年 3 月、1962 年 1 月和 1963 年 2 月，发出《关于人民公社社办中小学经费补助的规定》、《关于进一步加强教育经费管理的补充意见》、《关于教育事业财务管理若干问题的规定》，规范了教育经费使用程序。到 1965 年，基本纠正、制止了一些县社挪用教育经费的现象，贯彻了"统一领导，分级管理"的原则。1963 年 3 月印发的《全日制小学暂行工作

条例（草案）》和《全日制中学暂行工作条例（草案）》，进一步明确了全日制小学的设置和停办，由县（市）人民委员会批准；全日制中学的设置和停办或者迁移，由省、市、自治区人民委员会批准。基础教育"分权管理"价值取向从此得以确立，也是经济性价值取向的体现。

（二）基础教育受教育权利和机会分配政策的价值取向

1. 基础教育起点的受教育权利和机会分配政策价值取向

这一时期，基础教育受教育权利和机会的分配依然延续"公平"的价值取向，国家通过实施"两条腿走路"（李国钧，王炳照，1999）[192]的办学方针，使小学和中学规模得到稳定扩大，学龄儿童入学率从1949年的20%增长到1964年的84.7%（中国教育年鉴编辑部，1984）[126]（见表3-1）。这种起点公平的基础教育政策价值取向得到进一步落实。实践中由于各地情况不同，并没能达到政策设计的目标。

表3-1 新中国成立初期我国小学学龄儿童入学率

年 份	1949	1952	1955	1957	1958	1962	1964
学龄儿童入学率	20%	49.2%	53.8%	61.7%	80.3%	56.1%	84.7%

2. 基础教育过程和结果的受教育权利和机会分配政策价值取向

在社会主义建设的积极探索阶段，为了提高教育质量，国家启动了质量取向的基础教育政策。教育部先后下发文件，启动了重点小学和重点中学的建设项目。1962年12月21日，教育部下发《关于有重点地办好一批全日制中、小学校的通知》，指出：在全日制小学中，首先办好一批基础较好的小学，以便尽快提高教育质量，提高教学水平，总结和积累办好小学教育的经验，以带动一般学校前进。在重点中学建设上，1953年6月第二次全国教育工作会议提出《关于有重点地办好一些中学与师范学校的意见》，进一步推进了重点中学的建设。国家从学校建制、师资、设备和领导等方面对重点中小学建设给以特殊的倾斜和关照。重点中小学的建设是我国基础教育发展中的特殊政策，

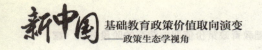

体现了"质量优先"和"效率优先"的价值取向，这体现了经济性价值取向。

（三）基础教育育人目标及课程与评价政策的价值取向

1. 育人目标政策的价值取向

社会主义建设积极探索阶段的育人目标在 1958 年 9 月 19 日发布的《中共中央、国务院关于教育工作的指示》中有具体体现。其中明确提出"党的教育工作方针，是教育为无产阶级的政治服务，教育与生产劳动结合"（中国教育年鉴编辑部，1984）[688]。这就确立了基础教育目标的"政治取向"和"实践取向"。中共中央 1963 年 3 月印发的《全日制小学暂行工作条例（草案）》和《全日制中学暂行工作条例（草案）》中指出：全日制中、小学应贯彻执行教育为无产阶级的政治服务、教育与生产劳动相结合的方针。根据毛泽东提出的"我们的教育方针，应该使受教育者在德育、智育、体育几方面都得到发展，成为有社会主义觉悟的有文化的劳动者"，小学、中学教育的任务，是为社会主义建设事业培养劳动后备力量和为高一级学校培养合格的新生。这两个条例进一步确立了中小学教育的阶级性和工具性的价值取向，突出了教育的实践性目标。

2. 育人过程和效果评价政策的价值取向

育人过程和效果评价是育人目标政策价值取向的具体体现。在社会主义建设积极探索阶段，中小学育人过程政策的价值取向有以下三个特点：一是强化了"以阶级斗争为纲"的政治性价值取向；二是强化了"教育与生产劳动相结合"的实践性价值取向；三是再次从政策上重申"减轻学生的课业负担"，体现了"全面发展"的教育性价值取向。

在育人目标政治性价值取向的指导下，教育过程和评价中都高度重视政治性的价值取向。教育部于 1957 年 8 月发出《关于中学、师范学校设置政治课的通知》，对学校思想政治教育提出具体规定。在学校课程中，政治课程被纳入必修课程。在学校课程实施过程中，由于国家和社会层面"阶级斗争"理念的不断加强，教育过程中"阶级斗争"的育人理念得到了不断强化。1964 年 12 月，中共中央印发《农村社会主义教育运动中目前提出的一些问题》（简称"二十三条"）（李国钧，王炳照，1999）[42]，明确提出"以阶级斗争为纲"的主张，认为社会主义教育的性质就是资本主义和社会主义矛盾的斗争，是两条路线的斗争。

教育与生产劳动相结合是马克思主义一项重要教育原则，也是毛泽东教育思想的重要内容之一。社会主义建设积极探索阶段是教育与实践相结合政策从形式和内容上快速发展的阶段（中国教育年鉴编辑部，1984）[467]。一种形式是在学校课程中增加与劳动相结合的内容。1957 年 3 月教育部发出的《关于增设农业基础知识课的通知》，以及 1963 年《全日制中学暂行工作条例（草案）》和《全日制小学暂行工作条例（草案）》中，都对学生参加生产劳动的目的、方式、时间和内容做了具体规定，使生产劳动成为一种课程，融入教育过程中。后来逐步演变，形成了教育与生产劳动相结合的教育形式和教育制度，即"两种教育制度"和"两种劳动制度"、"半工半读教育"形式。1958 年提出，到 1964 年"两种教育制度"逐步形成发展，成为社会主义教育制度的一个组成部分。1965 年 10 月，教育部在北京召开全国城市半工半读教育会议，标志着这一种特殊教育形式的形成。教育与生产劳动相结合发展的极致形式，是组织学生"上山下乡，参加生产劳动"。1963 年 6 月，中共中央提出要动员城市青年学生上山下乡，插入人民公社生产队、国营农牧林渔场，参加农业生产，并要求各省、市、自治区制订 15 年的安置规划。半工半读和上山下乡劳动教育虽然重点是在基础教育后的青年学生中进行，但对中小学教育也产生了实践取向的教育影响，是新中国基础教育实践取向政策的重要体现。

社会主义积极探索阶段，国家基础教育政策依然关注学生教育的负担和身体健康问题，对减轻学生负担问题做出了明确指示和政策决定，体现了教育性价值取向。1959 年 5 月，国务院发布了《关于全日制学校的教学、劳动和生活安排的规定》，对普通中学规定：每年教学时间为 37—40 周，中学生每天除上课外，要有 2—3 小时的自习时间；每周劳动时间，高中学生一般规定为 8 小时，最多不超过 10 小时，初中学生一般规定为 6 小时，最多不超过 8 小时；中学生每天睡眠 8—9 小时。1964 年 5 月，中共中央、国务院批转教育部临时党组《关于克服中小学学生负担过重现象和提高教学质量的报告》①。1964 年 7 月，教育部发出《关于调整和精简中小学课程的通知》。这些政策对于缓解学生过重课业负担和科学规划学校课程设置与教学过程具有指导意义，也充分体现了基础教育政策的教育性价值取向，为促进学生全面发展、健康发展奠定了政策基础。

总之，社会主义建设积极探索阶段，是社会主义教育制度在探索中逐步完善的阶段，社会主义教育方针也逐步形成。

三、"文化大革命"阶段

"'文化大革命'是一场由领导者错误发动，被反革命集团利用，给党、国家和各族人民带来严重灾难的内乱。"（中国共产党中央委员会，1981）[25] "文化大革命"中各级教育行政部门和学校几乎处于瘫痪状态，教育政策价值取向表现出以政治性价值取向为主导的特点。由于这一时期教育政策运行的不规范性，本书在此不做深入分析。

改革开放前新中国基础教育政策价值取向的演变，总体上体现了社会主义基础教育政策体系的建设和完善。这一历史时期我国基础教育价值取向体现了以政治性价值取向为主导，以教育性价值取向为基础，兼顾社会性和文化性价值取向的特点。尤其是新中国成立初期，国家在很短时间内完成了社会主义教育的改造，建立了社会主义基础教育政策体系的雏形，为扫除青壮年文盲，普及基础教育，培养学生

---

① 文件指出负担过重最突出的现象有"三多"，即课程门类多、课外作业多、测验考试多，其原因是片面追求升学的思想。

德育、智育、体育等方面素质，建立教育与生产劳动相结合的教育途径，全面实施社会主义基础教育奠定了良好基础。历史证明，教育政策的制定应平衡多种价值取向，建立主导性价值取向与各种价值取向相互兼顾的政策体系。

■ 第二节　改革开放后的基础教育政策及其价值取向

改革开放后基础教育政策发展可以分为五个历史阶段，分别是：改革开放初期恢复和发展教育事业阶段（1978 年十一届三中全会召开至 1985 年）、教育体制改革初步探索阶段（1985 年至 1992 年）、建立与社会主义市场经济体制相适应的教育体制阶段（1992 年至 1999 年）、进入新世纪全面实施素质教育、推进内涵发展阶段（1999 年至 2010 年）、加快从教育大国向教育强国迈进阶段（2010 年至 2020 年）。本节分别从五个阶段基础教育政策的发展出发，借助新中国基础教育政策价值取向表述分类，对改革开放后新中国基础政策价值取向发展进行分析。

一、改革开放初期恢复和发展教育事业阶段

改革开放初期恢复和发展教育事业阶段，是指从 1978 年十一届三中全会召开到 1985 年 5 月改革开放后第一次全国教育工作会议召开前，教育事业恢复和发展的阶段。

（一）基础教育办学权力和责任分配政策的价值取向

1. 基础教育在国家总体政策中的权力和责任分配政策的价值取向

教育行政部门逐步恢复教育管理权。"文化大革命"期间，教育部和各级教育行政部门干部、职工被下放到"五七干校"。"文化大革

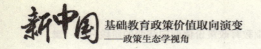
命"后期，教育部于1975年1月恢复成立。粉碎"四人帮"后，教育部工作逐步走向正轨。1977年10月教育部内设机构有政治部、办公厅、计划司、高等教育一司、高等教育二司、科学技术司、普通教育司、中等专业教育司、工农教育司、学生管理司、体育司、生产供应管理局、外事局，后又经过1978年2月和1979年1月、1980年3月等几次调整，到1980年，教育部内设机构有：办公厅、干部司、政策研究室、计划司、高等教育一司、高等教育二司、科学技术司、政治理论教育司、中等专业教育司、工农教育司、学生管理司、师范教育司、民族教育司、体育司、生产供应管理司、基本建设司、普通教育一司（中学教育）、普通教育二司（小学教育）、外事局（李国钧，王炳照，1999）[155]。教育部职能的恢复对恢复全国教育工作起到了组织保障作用。教育部对基础教育的管理主要体现了政策统领作用，基础教育的主要管理权限还是放在了地方。

1981年6月27日中国共产党第十一届中央委员会第六次全体会议通过《中国共产党中央委员会关于建国以来党的若干历史问题的决议》，从根本上为恢复教育和广大教育工作者的名誉和地位奠定了政策基础，调动了广大教育工作者的积极性。此后，国家又先后出台了关于加强教师队伍建设的若干政策，使基础教育干部、教师队伍建设走向正规，为加强教育管理、提高教育质量奠定了政策基础。这些政策包括：《国务院批转教育部关于加强中小学教师队伍管理工作的意见》（1978年1月7日）、《教育部、国家计委关于评选特级教师的暂行规定》（1978年12月17日）、教育部全国教育工会颁发《中小学教师职业道德要求（试行草案）》并发布《中小学教师职业道德要求》等。

1983年，邓小平为景山学校题词"教育要面向现代化，面向世界，面向未来"，为教育发展提出了长远指导纲领。"三个面向"是对党的教育方针的丰富和发展，对新时期教育发展起到了重要的指导和引领作用。"三个面向"是政治性、经济性、教育性、社会性政策价值取向的综合体现。

2. 基础教育在教育总体政策中的权力和责任分配政策的价值取向

这一历史阶段，基础教育在教育总体政策中的权力和责任分配继续恢复了基础教育基础性和普及性的基本价值取向，体现了政治性、社会性、教育性价值取向。其中"普及性"的价值取向得到进一步加强。1980 年 12 月 3 日，中共中央、国务院下发了《关于普及小学教育若干问题的决定》。1983 年 7 月，教育部在北京召开全国普通教育工作会议，着重研究加强和改进农村教育问题。1983 年 8 月，教育部发出《关于普及初等教育基本要求的暂行规定》。1984 年全国有 85.37 万所小学，在校学生 13577 万人，全国平均学龄儿童入学率达到 95%，普及初等教育取得阶段性成果。

普及初等教育目标的实现，是在国家统一调整下，基础教育在各级地方政府分权管理的效果，体现了教育政策的社会性价值取向。但由于基础教育管理权的下放，各级行政部门重视程度和管理水平不同，也导致了小学教育质量的参差不齐。

（二）基础教育受教育权利和机会分配政策的价值取向

1. 基础教育起点的受教育权利和机会分配政策价值取向

改革开放初期，我国注重基础教育起点的普及性，努力实现初等教育受教育权利的公平性，这体现了基础教育政策的政治性和社会性价值取向。中共中央、国务院下发的《关于普及小学教育若干问题的决定》，教育部发出的《关于普及初等教育基本要求的暂行规定》和中共中央、国务院发出的《关于加强和改革农村学校教育若干问题的通知》等相关文件都体现了这一点。但由于当时全国经济和社会发展不均衡，各方面工作还处于恢复的状态，尤其是初等教育的管理权限层层下放到各级基层部门，各级教育行政部门的经济水平和管理水平有很大差距，导致办学水平参差不齐，因此基础教育起点的受教育机会不能实现公平分配。因此这一阶段，基础教育在普及的同时，起点受教育权利的公平和受教育机会的不公平同时存在，并持续多年。这反映了基础教育起点政策注重了政治性和经济性价值取向，弱化了教育

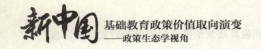

性和社会性价值取向。但这也是国家发展阶段所决定的不得已而为之的办法，总体上还是积极的政策。

2. 基础教育过程和结果的受教育权利和机会分配政策价值取向

为了促进基础教育快速发展，落实党的十二大提出的"调整、改革、整顿、提高"的方针，在基础教育改革中，确立了结构调整、分类推进的发展方向。这一阶段基础教育过程体现了政策的教育性和经济性价值取向，即"效率优先、兼顾公平"和"因材施教"的价值取向。一方面通过办好一批重点中小学，实现提高教育质量和引领示范的作用；另一方面调整中等教育结构，将一部分高中改办为职业中学或农业中学，实现了中等教育的分层分流目标。这些基础教育培养过程政策的价值取向主要体现在以下政策中：1978 年 1 月，教育部颁发《关于办好一批重点中小学试行方案》（李国钧，王炳照，1999）[66]；1980 年 10 月印发《教育部关于分期分批办好重点中学的决定》；1983 年 5 月，教育部、劳动人事部、财政部、原国家计委联合颁发《关于改革城市中等教育结构，发展职业技术教育的意见》等。这些政策文件在当时的历史条件下突出了教育发展的效率，体现了教育性和经济性价值取向。

（三）基础教育育人目标及课程与评价政策的价值取向

育人目标政策体现了教育性与政治性、经济性价值取向的统一。在 1981 年 3 月教育部颁发的《全日制五年制小学教学计划（修订草案)》，以及 1981 年 4 月 17 日教育部颁发的《全日制六年制重点中学教学计划（试行草案)》、《全日制五年制中学教学计划（试行草案）的修订意见》的通知中，对这一阶段基础教育育人目标进行了明确。《关于修订全日制五年制小学教学计划的说明》中指出："全面贯彻党的教育方针，使学生在德育、智育、体育几方面都得到发展，成为有社会主义觉悟的有文化的劳动者，成为有理想、有道德、有知识、有体力，立志为人民、为祖国、为人类做贡献的一代新人。"（中国教育年鉴编辑部，1984）[746-747]《关于制订全日制六年制重点中学教学计划试行草案的几点说明》中指出，"全面贯彻党的教育方针。既要重视抓智育，又要注意加强学生的思想品德教育、体育和卫生保健工作，使学生德、智、体几方面都得到全面的和谐发展"。1983 年，邓小平为北京景山学校题词："教育要面向现代化，面向世界，面向未来"（简称"三个面向"）。"三个面向"反映了新时期社会主义现代化建设的客观需要，反映了国际政治经济和文化发展的新形势，并且反映了我国教育改革的实际情况（李国钧，王炳照，1999）[67]。"在社会主义现代化建设的新时期，'三个面向'已成为我国教育改革和发展的战略指导方针，体现在这一时期关于教育工作的重大决定之中。"（中华人民共和国教育部，1998）[30] "三个面向"为新时期基础教育育人目标和教育教学过程与评价指引了新的方向。

　　育人过程和评价政策体现了政治性、教育性和经济性相互融合的价值取向。这一阶段，国家依然重视基础教育的政治性价值取向。1979 年 9 月 5 日，教育部印发的《全国中小学思想政治教育工作座谈会纪要》对中小学思想政治课内容进行了明确，指出：政治课是向学生灌输马列主义、毛泽东思想基本观点，进行共产主义道德品质教育的重要阵地。1980 年 9 月 12 日，教育部发出《关于印发〈改进和加强中学政治课的意见〉的通知》，规定：中学政治课是中学教学计划中主要课程之一，是对学生进行马列主义、毛泽东思想基础知识教育的课程，是思想教育的重要途径之一，是贯彻德、智、体全面发展的教育方针的重要方面，是区分社会主义教育与资本主义教育的重要标志。1981 年 8 月 26 日，教育部颁布《中学生守则》和《小学生守则》（中国教育年鉴编辑部，1984）[740-750]，对中小学生文明习惯培养提出了新要求。中小学政治课的开设和学生守则的颁布，是育人过程落实政治性价值取向的重要体现，其中也兼顾了教育性价值取向。

　　在教育过程和评价方面，学校教育中表现出"重知识轻全面素质"的现象。恢复高考后，"千军万马过独木桥"的高考压力层层传递到中小学，学生负担过重的现象再次出现。这期间，国家从重视青少年健康成长的角度，出台了政策文件，突出了教育过程和评价尊重教育性价值取向的特点。1982 年 1 月，教育部发出《关于当前中小学教育几个问题的通知》，对纠正片面追求升学率倾向做出五点规定。1983 年 12 月，教育部颁发《关于全日制普通中学全面贯彻党的教育方针，纠正片面追求升学率倾向的十项规定（试行）》（吴遵民，2010）[229]，这些文件都体现了这一阶段教育政策对教育性价值取向的重视，体现了对学生全面发展的关注。

综上所述，改革开放初期的教育政策为恢复教育正常秩序、重建社会主义国家教育体系、明确社会主义教育发展目标和发展方向奠定了基础。这一阶段的教育政策突出政治性价值取向，稳定了教育发展的政治路线、思想路线；继续以尊重教育规律为教育发展的根本价值取向，使基础教育回归遵循教育规律的发展道路上；兼顾社会性和经济性教育政策价值取向，为基础教育快速发展奠定了基础。

二、教育体制改革初步探索阶段

教育体制改革初步探索阶段是指从 1985 年 5 月改革开放后第一次全国教育工作会议召开，至 1992 年邓小平"南方谈话"和党的十四大之前的历史阶段。这一阶段，国家教育秩序基本得以恢复，教育事业进入蓬勃发展阶段，与此同时，"轻视教育、轻视知识、轻视人才的错误思想仍然存在，教育工作方面的'左'的思想影响还没有完全克服，教育工作不适应社会主义现代化建设需要的局面还没有根本扭转"（中国共产党中央委员会，1985）。面对世界范围的新技术革命，教育事业的落后和教育体制的弊端更加突出。在这样的背景下，中共中央于 1985 年 5 月召开了改革开放后第一次全国教育工作会议，出台了《中共中央关于教育体制改革的决定》，开始了新中国教育体制改革的初步探索。

（一）基础教育办学权力和责任分配政策的价值取向

教育体制改革初步探索阶段，基础教育在国家总体政策中的权力和责任得到加强，基础教育政策的政治性和经济性价值取向得到强化。1985 年 5 月，改革开放后第一次全国教育工作会议召开，颁布了《中共中央关于教育体制改革的决定》（以下简称《决定》）。标志着我国教育改革与发展进入一个对教育体制进行全面改革的新时期。《决定》第二部分指出，"实行九年制义务教育，……是发展我国教育事业、改革我国教育体制的基础一环。……我国基础教育还很落后，这同我国人民建设富强、民主、文明的现代化社会主义国家的迫切要求之间，存在着尖锐矛盾，决不能任其继续。现在，我们完全有必要也有可能把实行九年义务教育当做关系民族素质提高和国家兴旺发达的一件大事，突出地提出来，动员全党、全社会和全国各族人民，用最大的努力，积极地、有步骤地予以实施。为此，需要制订义务教育法，经全国人民代表大会审议通过后颁行"。1986 年 4 月 12 日，第六届全国人民代表大会第四次会议通过了《中华人民共和国义务教育法》（以下简称《义务教育法》）。《义务教育法》的颁布开辟了我国立法机关制定教育单行法的先河，标志着我国基础教育开始走上依法治教的轨道（劳凯声，2009）。《决定》和《义务教育法》的颁布，体现了我国开始从国家发展战略的角度思考基础教育在国家各项事业发展中的定位，体现了基础教育政策的政治性和经济性价值取向，并具体深化为基础性、先导性的教育政策价值取向。

与此同时，包括基础教育教师在内的教师地位和待遇也得到提高。1985 年 1 月 21 日，第六届全国人大常委会第九次会议同意国务院关于建立教师节的议案，确定每年 9 月 10 日为"教师节"。1987 年 11 月，国务院发布《关于提高中小学教师工资待遇的通知》，规定"从 1987 年 10 月起，将中小学教师和幼儿园教师现行工资标准提高 10%"。这些政策标志着国家从政治性和社会性角度重视基础教育。

基础教育在教育总体政策中权力和责任分配的政策也得到加强。实施九年义务教育是国家从战略角度加强基础教育的重要举措。《决定》指出，"义务教育，即依法律规定适龄儿童和青少年都必须接受，国家、社会、家庭必须予以保证的国民教育，为现代生产发展和现代社会所必需，是现代文明的一个标志"。《决定》从政治性价值取向、社会性价值取向和经济性价值取向分析了义务教育的重要性，也明确了义务教育在国民教育体系中的地位，即"强制性教育地位"，标志着我国第一次把教育纳入国家法律的强制性保障范畴。为了保障基础教育经费投入，《决定》首次提出了教育经费的"两个增长"，即"中央和地方政府教育拨款的增长要高于财政经常性收入的增长，并使按在校学生人数平均的教育费用逐步增长"（中国教育年鉴编辑部，1986）[2]。1990 年 6 月 7 日，国务院发布《国务院关于修改〈征收教育费附加的暂行规定〉的决定》。1988 年 3 月，原国家教委、财政部颁布《关于加强普通教育经费管理的若干规定》。这些文件为确保教育经费投入提供了政策保障。义务教育的强制性教育地位和教育经费的"两个增长"，体现了基础教育政策的政治性价值取向的有效落实。

这一阶段，基础教育在国家、地方和教育组织中的权力和责任分配的政策再次体现了"分权"的价值取向。《决定》第二条标题即指出：把发展基础教育的责任交给地方，有步骤地实行九年制义务教育。《决定》明确指出："基础教育管理权属于地方。除大政方针和宏观规划由中央决定外，具体政策、制度、计划的制定和实施，以及对学校的领导、管理和检查，责任和权力都交给地方。省、市（地）、县、乡分级管理的职责如何划分，由省、自治区、直辖市决定。为了保证地方发展教育事业，除国家拨款以外，地方机动财政中应有适当比例用于教育，乡财政收入应主要用于教育。地方可以征收教育费附加，此项收入首先用于改善基础教育的教学设施。"基础教育的地方为主、分级管理的管理体制从此得以明确。1987 年 6 月 15 日，原国家教委和财政部下发了《关于农村基础教育管理体制改革若干问题的意见》（中国教育年鉴编辑部，1989）[451]，进一步明确了农村基础教育"县、乡、村"逐级政府的责任，逐步确立了"以县为主"的农村基础教育管理模式。这种分权管理的基础教育政策体现了政治性和经济性价值取向。

（二）基础教育受教育权利和机会分配政策的价值取向

教育体制改革初步探索阶段，国家通过的《义务教育法》，在中国历史上史无前例地建立起基础教育起点的受教育权利公平的机制。这是政治性、社会性和教育性价值取向的总体现。在实施过程中，由于全国各地发展状况不同，《决定》和《义务教育法》中也实事求是地对各地义务教育发展提出了阶段性目标要求，逐步实现义务教育起点的机会公平。《决定》指出：由于我国幅员广大，经济文化发展很不平衡，义务教育的要求和内容应该因地制宜，有所不同。全国可以大致划分为三类地区：一是约占全国人口四分之一的发达地区，在1990年左右完成；二是约占全国人口一半的中等发展地区，在1995年左右普及初中阶段的普通教育或职业和基础教育；三是约占全国人口四分之一的经济落后地区，国家尽力给予支援。《决定》还要求：地方各级人民代表大会根据本地区情况，制定本地区的义务教育条例，确定本地区实行九年义务教育的步骤、方法和年限。这些政策的出台，标志着国家从政策上保证基础教育受教育起点的权利和机会公平的开始。

如果说这一阶段，基础教育受教育起点公平政策的建立，体现了基础教育政治性、教育性的价值取向，那么基础教育受教育过程和结果的权利和机会分配政策则主要体现的是教育性和经济性价值取向，体现了选拔性和分层、分类、分流培养的价值取向。《决定》指出：我国广大青少年一般应从中学阶段开始分流，初中毕业生一部分升入普通高中，一部分接受高中阶段的职业技术教育；高中毕业生一部分升入普通大学，一部分接受高等职业技术教育。小学毕业后接受过初中阶段的职业技术教育的，可以就业，也可以升学。凡是没有升入普通高中、普通大学和职业技术学校的学生，可以经过短期职业技术培训，然后就业。这一阶段，国家对基础教育过程的分流主要通过选拔性考试，体现了能力性价值取向。1990年6月原国家教委印发的《全国中学升学和考试制度改革工作会议纪要》等文件都体现了这种价值取向。选拔性的政策价值取向符合教育性和经济性的政策价值取向，把教育

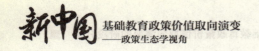

作为国家人力资源开发的手段。

（三）基础教育育人目标及课程与评价政策的价值取向

教育体制改革初步探索阶段，基础教育育人目标体现了党的十二大和十二届三中全会提出的《中共中央关于经济体制改革的决定》的指导思想。教育的育人目标主要是为国家社会主义物质文明和精神文明建设培养和储备人才。这种育人目标着重体现了政治性和经济性的政策价值取向。《决定》中指出："教育必须为社会主义建设服务，社会主义建设必须依靠教育。社会主义现代化建设的宏伟任务，要求我们不但必须放手使用和努力提高现有的人才，而且必须极大地提高全党对教育工作的认识，面向现代化、面向世界、面向未来，为九十年代以至下世纪初叶我国经济和社会发展，大规模地准备能够坚持社会主义方向的各级各类合格人才。……所有这些人才，都应该有理想、有道德、有文化、有纪律，热爱社会主义祖国和社会主义事业，具有为国家富强和人民富裕而艰苦奋斗的献身精神，都应该不断追求新知，具有实事求是、独立思考、勇于创造的科学精神。"《决定》对教育目标的要求，体现了教育的工具性价值取向，是政治性和经济性价值取向的综合体现。

育人目标直接影响育人过程和评价政策。因此，这一阶段基础教育育人过程和评价政策，即课程和考试评价政策的价值取向也都体现出政治性和经济性的特点。这期间，国家陆续出台了一系列关于课程改革和考试评价改革的文件。1989 年 7 月，原国家教委发出《关于九年制义务教育课程教材试验工作的通知》；1990 年 3 月，原国家教委发布《现行普通高中教学计划的调整意见》；1991 年 2 月，原国家教委办公厅发出《九年制义务教育课程教材试验工作座谈会纪要》。1989年 7 月，原国家教委发出《关于在普通高中试行毕业会考制度的意见》和《关于改革普通高等学校招生考试及录取新生办法的意见》。1991年 1 月，全国考试工作会议在南宁举行，会议确定"八五"期间全国将普遍实行高中会考。1991 年 2 月，原国家教委发出《关于做好高考科目设置改革试点工作的通知》。同日，原国家教委印发《高中毕业会考后普通高校招生全国统一考试工作实施方案（试行）》。这一阶段的课程改革注重课程与国际接轨，借鉴了国际上先进的经验，注重课程目标、内容、结构等更加适应各地需求和国家发展需求，确立了"一纲多本"的课程改革方案，增加了"个性发展"、"选修课程"、"活动课程"等课程形式，为课程适应人才培养需要奠定了基础。同时，这一阶段，基础教育考试评价制度进一步完善，建立了中学升学和会考等省级教育评价机制，进一步完善了高考政策机制。随着基础教育课程和考试制度的完善，学校、家庭和学生对教育过程以知识性学业考试成绩进行分类分流的认同越来越强，以"应试"为主要目的教育形式越来越强化，基础教育的功利性价值取向表现得越来越突出，学生的课业负担越来越重。

于是，这期间国家再次发出"减负"政策。1990 年 2 月，原国家教委发出《关于重申贯彻〈关于减轻小学生课业负担过重问题的若干规定〉的通知》。与此同时一场关于"应试教育"和"素质教育"的讨论开始酝酿。学校德育、体育、卫生工作得到进一步重视。1990 年 2 月，国务院批准《学校体育工作条例》；1990 年 4 月，国务院批准《学校卫生工作条例》；1990 年 4 月，原国家教委下发《关于进一步加强中小学德育工作的几点意见》。教育性的基础教育政策价值取向逐步开始得到全社会的高度关注。

总之，在教育体制改革初步探索阶段，国家进一步通过立法和体制改革的方式完善社会主义国家教育制度，进一步规范和完善了国家基础教育课程建设、教材和考试制度，中国特色社会主义现代教育体系在探索和完善中得到发展。

三、建立与社会主义市场经济体制相适应的教育体制阶段

建立与社会主义市场经济体制相适应的教育体制阶段是指从 1992

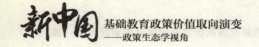

年邓小平"南方谈话"和党的十四大召开，至 1999 年 6 月全国教育工作会议召开之前的历史阶段。这一阶段，国家通过总结改革开放以来的历史经验和教训，提出了建设社会主义市场经济的发展思路。与此同时，教育体制改革也进入快速发展，适应社会主义市场经济发展对人才需要的历史阶段。1992 年，党的十四大确立了"教育优先发展的战略地位"，1993 年 11 月，中国共产党第十四届中央委员会第三次全体会议通过《中共中央关于建立社会主义市场经济体制若干问题的决定》，进一步明确了社会主义市场经济体制的理论和政策。1993 年，《中国教育改革和发展纲要》发布；1994 年，改革开放后第二次全国教育工作会议召开；1997 年 9 月 12 日，江泽民在中国共产党第十五次全国代表大会上作报告《高举邓小平理论伟大旗帜，把建设有中国特色社会主义事业全面推向二十一世纪》，这些重要会议和文件为推进新时期教育发展奠定了思想、理论和政策基础。这一历史阶段，基础教育发展也进一步得到重视和加强。

（一）基础教育办学权力和责任分配政策的价值取向

这一阶段，基础教育办学权力和责任分配政策得到进一步加强。首先，教育在国家总体政策中的权力和责任，从国家政治和经济战略高度得到空前重视，体现了政治性和经济性的政策价值取向。1992 年 10 月 12 日，江泽民在中国共产党第十四次全国代表大会上的报告《加快改革开放和现代化建设步伐，夺取有中国特色社会主义事业的更大胜利》中指出："科技进步、经济繁荣和社会发展，从根本上说取决于提高劳动者的素质，培养大批人才。我们必须把教育摆在优先发展的战略地位，努力提高全民族的思想道德和科学文化水平，这是实现我国现代化的根本大计。"十四大第一次把教育优先发展作为国家教育发展政策提出，确保了包括基础教育在内的教育事业发展的地位，对国家教育发展和政治、经济、社会、文化发展产生了深远影响。1995 年 3 月 18 日，第八届全国人民代表大会第三次会议正式通过了《中华人民共和国教育法》（以下简称《教育法》），标志着我国教育法制建设迈出了关键性一步，为保证教育的权力和责任落实提供了法律保障。《教育法》把国家教育方针以法律形式进行了固化，即教育必须为社会主义现代化建设服务，必须与生产劳动相结合，培养德、智、体等方面全面发展的社会主义事业的建设者和接班人。该法也进一步明确了教育的地位：教育是社会主义现代化建设的基础，国家保证教育事业优先发展。1996 年 3 月，李鹏在第八届全国人大四次会议上作《关于国民经济和社会发展"九五"计划和 2010 年远景目标纲要的报告》，指出优先发展教育、提高国民素质，是我国现代化事业的百年大计。中共中央、国务院于 1993 年 2 月 13 日发布了《中国教育改革和发展纲要》（以下简称《纲要》）。《纲要》明确提出国家教育发展总目标：全民受教育水平明显提高；城乡劳动者职前、职后教育有较大发展；各类专门人才的拥有量基本满足现代化建设的需要；形成具有中国特色的、面向 21 世纪的社会主义教育体系基本框架；再过几年建立起比较成熟和完善的社会主义教育体系，实现教育现代化。《纲要》指出：发展教育事业，提高全民族的素质，把沉重的人口负担转化为人力资源优势，是我国实现社会主义现代化的一条必由之路（中国教育年鉴编辑部，1995）[1-11]。这充分反映出包括基础教育在内的教育事业在国家各项事业中的地位和责任，体现了政治性和经济性的政策价值取向。

与此同时，基础教育在教育总体政策中的权力和责任也从政治性和经济性价值取向角度得到加强。江泽民在十四大报告中指出："要优化教育结构，大力加强基础教育，……到本世纪末，基本扫除青壮年文盲，基本实现九年制义务教育。"（中国教育年鉴编辑部，1994）[11]《纲要》指出，20 世纪 90 年代，在保证必要的教育投入和办学条件的前提下，全国基本普及九年义务教育（包括初中阶段的职业技术教育）；大城市市区和沿海经济发达地区积极普及高中阶段教育；大中城市基本满足幼儿接受教育的要求，广大农村积极发展学前一年教育。在教育经费投入上，《纲要》进一步强化了向基础教育倾斜的政策，指出：逐步提高国家财政性教育经费支出占国民生产总值的比例，20 世

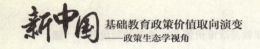
纪末达到4%。在贯彻落实《中共中央关于教育体制改革的决定》所规定的教育经费"两个增长"基础上，又提出"切实保证教师工资和生均公用经费逐年有所增长"，以及"提高各级财政支出中教育经费所占比例"的要求，明确乡（镇）财政收入主要用于发展教育。后来在《教育法》中明确为教育经费的"三个增长"。《纲要》还提出城乡教育费附加主要用于普及九年义务教育的要求。1994年6月，改革开放后第二次全国教育工作会议召开，会议强调要全面落实教育优先发展的战略地位，并具体动员和部署各地的"两基"任务。基础教育政策在教育总体政策中的加强体现了国家基础教育政策的政治性、经济性和教育性价值取向。

这一阶段，基础教育在国家、地方和教育组织中的权力和责任分配政策基本保持了国家统筹、分权分级管理的模式。在教育经费筹措上，《纲要》指出：增加教育投资是落实教育战略地位的根本措施，各级政府、社会各方面和个人都要努力增加教育的投入，确保教育事业优先发展。要逐步建立以国家财政拨款为主，辅之以征收用于教育的税费、收取非义务教育阶段学生学杂费、校办产业收入、社会捐资和设立教育基金等多种渠道筹措教育经费的体制。在办学体制上，《纲要》提出：改变政府包揽办学的格局，逐步建立以政府办学为主体、社会各界共同办学的体制；现阶段，基础教育应以地方政府办学为主；国家开始尝试鼓励社会力量参与举办教育。《纲要》指出，国家对社会团体和公民个人依法办学，采取积极鼓励、大力支持、正确引导、加强管理的方针。基础教育管理权力和责任的分权分级管理体现了经济性价值取向。

在适应社会主义市场经济体制的过程中，为多方筹措教育经费，我国尝试了基础教育办学体制的综合改革。这一方面为增加教育经费投入拓展了渠道，但另一方面存在着办学行为的不规范现象。为此国家先后制定了相关政策，以规范办学行为。1993年8月，原国家教委发布《关于坚决纠正中小学乱收费的通知》，1993年11月，原国家教委发布《关于取消中小学乱收费项目的通知》，1998 年 6 月，国务院办公厅转发了《教育部关于义务教育阶段办学体制改革试验工作的若干意见》，提出：努力规范义务教育阶段公办学校的办学行为，使义务教育阶段公办学校择校生、乱收费现象得到遏制（中国教育年鉴编辑部，1999）[980]。

这一阶段教师质量和教师地位得到进一步加强。1993 年 10 月 31 日，第八届全国人民代表大会常务委员会第四次会议通过《中华人民共和国教师法》；1993 年 6 月 10 日，原国家教委、人事部、财政部发布《特级教师评选规定》；1993 年 7 月 26 日，原国家教委印发《关于加强小学骨干教师培训工作的意见》；1992 年 12 月 10 日，中央组织部、原国家教委发布《关于加强全国中小学校长队伍建设的意见（试行）》；1997 年 12 月 31 日，原国家教委发布《实行全国中小学校长持证上岗制度的规定》。

（二）基础教育受教育权利和机会分配政策的价值取向

由于《义务教育法》的实施，基础教育起点的受教育权利和机会分配政策得到了法律保障。1992 年 3 月，原国家教委发布《中华人民共和国义务教育法实施细则》（以下简称《细则》），进一步体现了国家保证基础教育起点公平的政治性价值取向。《细则》指出：当地基层人民政府或者其授权的实施义务教育的学校至迟在新学年始业前十五天，将应当接受义务教育的儿童、少年的入学通知发给其父母或者其他监护人。适龄儿童、少年的父母或者其他监护人必须按照通知要求送子女或者其他被监护人入学。此外，这一阶段国家也同时重视盲、聋哑、智障儿童和少年接受义务教育的权利，重视流动儿童少年就学问题（中国教育年鉴编辑部，1994）[783]。1998 年 3 月，原国家教委和公安部联合发布《流动儿童少年就学暂行办法》（以下简称《办法》），《办法》首次提出解决流动儿童少年就学的基本原则，即"两为主原则"：流入地人民政府应为流动儿童少年创造条件，提供接受义务教育的机会；流动儿童少年就学，以在流入地全日制公办中小学借读为主。

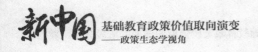

这一阶段，由于各地义务教育办学条件还具有很大差异，所以受教育起点的机会公平依然得不到保障。

这一阶段，基础教育过程和结果政策价值取向在体现能力性价值取向的基础上，逐步考虑平等性价值取向。在义务教育阶段，国家进一步推进教育过程公平。在小学毕业升入初中的升学政策上，逐步推行"取消初中升学统一考试，凡准予毕业的小学毕业生，实行划片就近入初中，并逐步取消重点初中"（中国教育年鉴编辑部，1994）[124]。1995 年 6 月，原国家教委下发《关于进一步推动和完善初中入学办法改革的通知》，指出：要进一步推进对口入学的小学与初中校过渡衔接的实验，初中校要关心对口小学的教育、教学工作，小学要努力为对口初中输送合格、优秀新生；加强薄弱初中校建设，各地应制订改变薄弱初中校面貌的目标、规划，提出具体措施，分期分批改善这类学校办学条件，提高教育质量和办学水平；加强初中建设，目标是进一步提高义务教育阶段教育过程的公平性，实现义务教育过程的公平性价值取向（中国教育年鉴编辑部，1997）[910-911]。

在基础教育结果上，为了进一步提高基础教育质量和水平，国家继续实施能力取向的分层分类分化性基础培养政策，体现了教育性和经济性价值取向。1995 年 6 月，原国家教委印发《关于大力办好普通高级中学的若干意见》，提出"到本世纪末，有计划、分步骤地重点建设好 1000 所左右起实验、示范作用的普通高中"（中国教育年鉴编辑部，1997）[911-915]。示范性普通高中的建设为提高我国高中整体办学水平乃至提高基础教育整体水平起到了引领作用。这一政策体现了基础教育政策效率优先、质量优先的价值取向，是经济性价值取向的体现。

（三）基础教育育人目标及课程与评价政策的价值取向

这一阶段，基础教育育人目标政策体现了关注全面素质的教育性价值取向。《纲要》中指出：发展基础教育，必须继续改善办学条件，逐步实现标准化。中小学要由"应试教育"转向全面提高国民素质的轨道，面向全体学生，全面提高学生的思想道德、文化科学、劳动技能和身体心理素质，促进学生生动活泼地发展，办出各自的特色。这是国家首次在基础教育政策文件中提出基础教育目标"全面提高国民素质"。1997 年 10 月 29 日，原国家教委印发《关于当前积极推进中小学实施素质教育的若干意见》（以下简称《意见》），《意见》指出：素质教育是以提高民族素质为宗旨的教育，它是依据《教育法》规定的国家教育方针，着眼于受教育者及社会长远发展的要求，以面向全体学生、全面提高学生的基本素质为根本宗旨，以注重培养受教育者的态度、能力，促进他们在德、智、体等方面生动、活泼、主动地发展为基本特征的教育；素质教育要使学生学会做人、学会求知、学会劳动、学会生活、学会健体和学会审美，为培养他们成为有理想、有道德、有文化、有纪律的社会主义公民奠定基础（中国教育年鉴编辑部，1999）[924]。1998 年 12 月 24 日教育部制定、1999 年 1 月 13 日国务院批转的《面向 21 世纪教育振兴行动计划》对这一阶段的基础教育目标做了进一步明确的阐述：2000 年如期实现基本普及九年义务教育、基本扫除青壮年文盲的目标，是全国教育工作的"重中之重"；实施"跨世纪素质教育工程"，整体推进素质教育，全面提高国民素质和民族创新能力。"素质教育"经过近 10 年的讨论，终于成为基础教育的育人目标，体现了教育性的价值取向。

伴随"素质教育"育人目标的逐步清晰，育人过程和结果的政策也逐步完善，体现教育性价值取向的教育过程和结果的政策陆续出台。这期间，国家先后就课程与教材改革和规范体育、德育工作等出台了专项政策。1992 年 2 月，原国家教委发布《小学生体育合格标准实施办法》。1992 年 8 月，原国家教委发布《九年义务教育全日制小学、初级中学课程计划（试行）》，提出了国家课程和地方课程、必修课和选修课的概念，在学科课程基础上增加了活动课程的内容，并指出：学校在教育、教学工作中，要充分发挥学科和活动的整体功能，对学生进行德育、智育、体育、美育和劳动教育，为学生的全面发展打好基础。1993 年 3 月 26 日，原国家教委发布《小学德育纲要》；1994 年

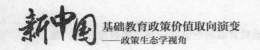

3 月 11 日，原国家教委发布《中学生日常行为规范》；1994 年 8 月 31 日，中共中央发布《关于进一步加强和改进学校德育工作的若干意见》；1995 年 2 月 16 日，原国家教委发布《中学德育大纲》；1998 年 3 月 16 日，原国家教委发布《中小学德育工作规程》。

与此同时，国家就进一步规范中小学、幼儿园办学行为，减轻学生课业负担也出台了专门政策。1996 年 3 月 9 日，原国家教委发布《幼儿园工作规程》；同日，原国家教委发布《小学管理规程》；1993 年 3 月 24 日，原国家教委发布《关于减轻义务教育阶段学生过重课业负担、全面提高教育质量的指示》；1994 年 11 月 10 日，原国家教委印发《关于全面贯彻教育方针，减轻中小学生过重课业负担的意见》；1997 年 1 月 14 日，原国家教委印发《关于规范当前义务教育阶段办学行为的若干原则意见》，对义务教育阶段"择校"问题、"乱收费"问题、"校中校"问题等提出了整改要求，进一步强调义务教育"免收学费"、"就近入学"、"平等受教育"的原则。教育过程的规范性和育人过程的全面性政策，充分体现了国家基础教育政策正逐步走向以教育性价值取向为主导的方向。

这一历史阶段的国家总体性政策体现了建设社会主义市场经济体制和建设有中国特色社会主义的发展方向，进一步确立了教育优先发展的战略地位，基础教育体系逐步完善，普及程度和办学水平不断提高，素质教育和教育现代化目标进一步明确，为进入 21 世纪全面推进素质教育和实现教育现代化奠定了基础。

四、进入新世纪全面实施素质教育、推进教育内涵发展阶段

进入新世纪，全面实施素质教育、推进教育内涵发展阶段（以下简称全面实施素质教育阶段），是指从 1999 年 6 月全国教育工作会议召开和《中共中央国务院关于深化教育改革全面推进素质教育的决定》发布，到 2010 年 8 月全国教育工作会议召开之前。这一历史阶段，国

家基础教育政策在基本普及义务教育的基础上，向全面推进素质教育、全面提高教育质量的方向发展。随着国家政治制度的进一步完善和稳定，经济发展水平不断提高，教育经费得到保障，基础教育进入推进内涵发展的历史阶段。

（一）基础教育办学权力和责任分配政策的价值取向

全面实施素质教育阶段，基础教育在国家总体政策中的权力和责任进一步加强。国家从法律地位、财政政策等角度加强基础教育权力，确保基础教育办学条件不断改善，体现了战略性的基础教育政策价值取向。1999年6月，国家召开全国教育工作会议，出台了《中共中央国务院关于深化教育改革全面推进素质教育的决定》（以下简称《素质教育决定》）；2001年6月，国务院召开了改革开放以来第一次全国基础教育工作会议，出台了《国务院关于基础教育改革与发展的决定》（以下简称《基础教育决定》）。这两个会议的两个决定绘制了新世纪初我国基础教育改革与发展的蓝图。《素质教育决定》中指出：全面推进素质教育，必须切实加强党和政府的领导；全面推进素质教育是党和政府的重要职责；建立自上而下的素质教育评估检查体系，逐级考核省、市、县、乡各级党委和政府及主要领导干部抓素质教育工作的情况；完善教育督导制度，在继续进行"两基"督导检查的同时，把保障实施素质教育作为教育督导工作的重要任务；努力采取措施，切实加大教育投入，各级人民政府必须按照《教育法》的规定，确保教育经费有较大增长；要进一步依法加强城乡教育费附加的征收和管理，农村教育费附加实行乡征、县管、乡用，确保完全用于教育。2002年11月8日，江泽民在中国共产党第十六次全国代表大会上作《全面建设小康社会，开创中国特色社会主义事业新局面》工作报告，2003年党的十六届三中全会通过的《关于完善社会主义市场经济体制若干重要问题的决定》，都进一步对加强基础教育工作进行了战略性部署。党的十六大把教育作为文化建设的重要内容，提出"教育是发展科学技术和培养人才的基础，在现代化建设中具有先导性全局性作用，必须

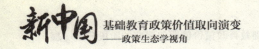
摆在优先发展的战略地位"。2007 年 10 月 5 日，胡锦涛在中国共产党第十七次全国代表大会上作《高举中国特色社会主义伟大旗帜 为夺取全面建设小康社会新胜利而奋斗》工作报告。党的十七大把教育作为国家社会建设的民生之首，提出："教育是民族振兴的基石，教育公平是社会公平的重要基础。要全面贯彻党的教育方针，坚持育人为本、德育为先，实施素质教育，提高教育现代化水平，培养德智体美全面发展的社会主义建设者和接班人，办好人民满意的教育。"这一阶段，国家从战略高度确定了教育在国家发展中的地位，体现了从政治性到文化性和社会性的基础教育总体政策的价值取向。

全面实施素质教育阶段，基础教育在教育总体政策中的权力和责任分配也得到了历史性的重视。《基础教育决定》中进一步明确了基础教育的地位，指出：基础教育是科教兴国的奠基工程，对提高中华民族素质、培养各级各类人才、促进社会主义现代化建设具有全局性、基础性和先导性作用；保持教育适度超前发展，必须把基础教育摆在优先地位并作为基础设施建设和教育事业发展的重点领域，切实予以保障；把基础教育作为"基础设施建设和教育事业发展的重点领域"，标志着基础教育在国家总体教育政策中处于"重中之重"的地位，进一步体现了基础教育政策战略性的价值取向。

这一阶段基础教育在国家、地方和教育组织中的权力和责任分配，继续强化分级管理的政策体制。《基础教育决定》中指出，按照"积极进取、实事求是、分区规划、分类指导"的原则，不同地区基础教育事业发展的基本任务是：占全国人口 15% 左右、未实现"两基"的贫困地区要打好"两基"攻坚战，普及初等义务教育，积极推进九年义务教育和扫除青壮年文盲，适度发展高中阶段教育，积极发展学前一年教育；占全国人口 50% 左右、已经实现"两基"的农村地区，重点抓好"两基"巩固提高工作，义务教育学校办学条件明显改善，教育质量和办学效益进一步提高，高中阶段教育有较大发展，积极发展学前三年教育；占全国人口 35% 左右的大中城市和经济发达地区，高水平、高质量普及九年义务教育，基本满足社会对高中阶段教育和学前三年教育的需求，重视发展儿童早期教育；到 2010 年，基础教育总体水平接近或达到世界中等发达国家水平。基础教育的分级管理体现了经济性教育政策价值取向。

全面推进素质教育阶段，在地方和教育组织的权力和责任分配的政策中，进一步强化了各级政府规范教育行为的政策价值取向。

一是国家进一步加强教育收费行为规范管理，促进教育健康发展。治理教育收费依然是这一时期规范基础教育办学行为的主题。2001 年 2 月，教育部、原国家计委、财政部发出《关于坚决治理农村中小学乱收费问题的通知》。2001 年 6 月，国务院纠风办、教育部印发《关于进一步做好治理教育乱收费工作的意见》。此后每年国家七部委都会联合出台相关政策规范教育收费，并进行专项检查。为了进一步规范义务教育收费，相关部委还出台了"一费制"政策。2001 年 11 月，原国家计委、财政部、教育部发出《关于坚决落实贫困地区农村义务教育阶段试行"一费制"收费制度的通知》。2004 年 3 月，教育部、国家发展改革委、财政部印发《关于在全国义务教育阶段学校推行"一费制"收费办法的意见》。这一系列规范教育收费行为的政策体现了经济性和社会性的教育政策价值取向。

二是进一步加强地方改善办学条件的责任，推进标准管理，保障校舍安全。新世纪以来，随着教育投入的增加，国家出台政策，对全国中小学校舍进行了全面改造，以确保学校安全。2001 年 2 月，国务院办公厅转发《教育部、国家计委、财政部关于实施中小学危房改造工程的意见》，2004 年 4 月，教育部、国家发展改革委、财政部、建设部印发《关于进一步加强农村中小学危房改造工程管理的意见》。2008年汶川地震后，《教育部、住房和城乡建设部关于做好学校校舍抗震安全排查及有关事项的通知》的发布，标志着新中国成立以来最大规模的校舍安全工程全面启动。

三是进一步加强教师队伍建设。这一阶段先后出台了教师和干部培训规定和资格证制度。1999 年 9 月，教育部发布《中小学教师继续教育规定》；1999 年 12 月，教育部发布《中小学校长培训规定》；2000 年 9 月，教育部发布《〈教师资格条例〉实施办法》；2001 年 8 月，教育部印发《教师资格证书管理规定》；2006 年 6 月 4 日，教育部发出《关于进一步加强中小学班主任工作的意见》。以《教育部关于做好义务教育学校教师绩效考核工作的指导意见》为标志，对全国义务教育教师开始实施绩效工资制度，采用不低于当地公务员标准的工资制度。

这些基础教育分级管理政策，保障了基础教育规范健康发展，保障了基础教育发展水平，体现了经济性、教育性的政策价值取向。

（二）基础教育受教育权利和机会分配政策的价值取向

这一阶段，基础教育起点的受教育权利继续得到依法落实，受教育机会分配政策进一步趋于公平，进一步体现了基础教育政策的政治性和社会性价值取向。《基础教育决定》指出：进一步扩大九年义务教育人口覆盖范围，初中阶段入学率达到 90% 以上。这一阶段，为促进受教育机会公平，国家对加强农村义务教育和向贫困家庭倾斜的助学政策进行了部署。2000—2010 年国家先后出台了十多个向农村和西部欠发达地区倾斜的教育政策。其中包括：2000 年 4 月，教育部、国务院扶贫开发领导小组、中组部、原国家计委、财政部、人事部印发《关于东西部地区学校对口支援工作的指导意见》等对口支援政策；2001 年 6 月，教育部、财政部印发《关于对全国部分贫困地区农村中小学生试行免费提供教科书的意见》；2002 年 4 月，国务院办公厅发出《关于完善农村义务教育管理体制的通知》；2003 年 9 月，《国务院关于进一步加强农村教育工作的决定》等综合性政策；2005 年 2 月，财政部、教育部提出《关于加快国家扶贫开发工作重点县"两免一补"实施步伐有关工作意见》，实施对农村地区义务教育的"两免一补"等资助政策；2005 年 12 月，国务院发布《关于深化农村义务教育经费保障机制改革的通知》，以强化政府对农村义务教育的保障责任，普及和巩固九年义务教育等财政倾斜政策；2006 年 5 月，教育部、财政部、人事部、中央编办发出《关于实施农村义务教育阶段学校教师特设岗位计划的通知》，启动了农村教师特岗计划。与此同时，国家还出台了向困难家庭学生提供补助的财政性助学政策。2001 年 9 月，教育部、财政部、国务院扶贫开发领导小组办公室发出《关于落实和完善中小学贫困学生助学金制度的通知》。此外，随着经济社会发展，流动人口子女入学成为城市教育的新现象、新问题。2003 年 9 月，国务院办公厅转发教育部等部门《关于进一步做好进城务工就业农民子女义务教育工作的意见》，建立了相对规范的流动人口子女入学政策。

2003 年 9 月，国务院在北京召开全国农村教育工作会议，印发了《国务院关于进一步加强农村教育工作的决定》（以下简称《农村教育决定》），指出：加快推进"两基"，巩固提高普及义务教育的成果和质量，争取用五年时间完成西部地区"两基"攻坚任务，落实"在国务院领导下，由地方政府负责、分级管理、以县为主的农村义务教育管理体制"（中国教育年鉴编辑部，2004）[802]。2006 年 10 月，党的十六届六中全会通过《中共中央关于构建社会主义和谐社会若干重大问题的决定》。2007 年 10 月，党的十七大报告把教育放在改善民生和社会建设的突出位置，指出"教育是民族振兴的基石，教育公平是社会公平的重要基础"，促进教育公平成为国家的基本教育政策。

这一阶段基础教育受教育过程权利和机会分配，继续落实义务教育阶段免试入学制度，体现相对公平的义务教育升学政策。2004 年 3 月 3 日，国务院批转《2003—2007 年教育振兴行动计划》指出：积极探索初中毕业生学业考试为基础、综合评价相结合的高中阶段招生办法改革；结合新课程的全面推进，深化高考内容改革，推进高考制度改革，进一步建立以统一考试为主、多元化考试和多样化选拔录取相结合，学校自我约束、政府宏观指导、社会有效监督的高等学校招生制度（中国教育年鉴编辑部，2004）[810]。在推进教育公平和基本完成"两基"任务后，国家启动了推进义务教育均衡发展的政策。2005 年 5 月，教育部颁布《关于进一步推进义务教育均衡发展的若干意见》，促

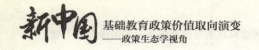

进教育过程公平的社会性价值取向进一步得到体现。

（三）基础教育育人目标及课程与评价政策的价值取向

全面实施素质教育阶段，基础教育育人目标政策的价值取向主要体现在《素质教育决定》中。实施素质教育，就是全面贯彻党的教育方针，以提高国民素质为根本宗旨，以培养学生的创新精神和实践能力为重点，造就"有理想、有道德、有文化、有纪律"、德智体美等全面发展的社会主义事业建设者和接班人。全面推进素质教育，要面向现代化、面向世界、面向未来，使受教育者坚持学习科学文化与加强思想修养的统一，坚持学习书本知识与投身社会实践的统一，坚持实现自身价值与服务祖国人民的统一，坚持树立远大理想与进行艰苦奋斗的统一。促进学生全面发展的素质教育政策体现了教育性价值取向与政治性价值取向的统一。

这一阶段，基础教育育人过程和育人效果评价的政策价值取向，主要体现在基础教育课程改革的政策之中，体现了促进学生全面发展的教育性价值。2001年6月，教育部印发《基础教育课程改革纲要（试行）》，标志着我国进入第八次基础教育课程改革阶段。此后出台了一系列相关政策。2001年6月，教育部发布《中小学教材编写与审定管理暂行办法》。以2004年8月《中共中央国务院关于进一步加强和改进未成年人思想道德建设的若干意见》为标志，中小学德育工作进入新的发展时期。国家相关部门形成了加强德育工作的联动机制。2004年3月，教育部发布《中小学生守则》、《小学生日常行为规范（修订）》和《中学生日常行为规范（修订）》，于2004年9月1日起施行。2009年8月，教育部印发《中小学班主任工作规定》。伴随2008年北京奥运会的召开，学校体育工作得到进一步加强。2008年8月，教育部印发《中小学体育工作督导评估指标体系（试行）》以及开展"阳光体育"活动的工作安排。在推进素质教育过程中，学生课业负担问题一直困扰教育行政部门，2000年1月，教育部发出《关于在小学减轻学生过重负担的紧急通知》，并组织国家督学对部分省、自治区、直辖市贯彻落实情况进行专项督导检查。

《基础教育课程改革纲要（试行）》是影响新世纪基础教育过程和评价的重要政策，对基础教育产生了深远影响。它提出了六个方面的改革目标：改变课程重知识传授倾向，强调形成主动学习态度，获得基本技能和过程知识；改变学科本位课程结构，整体设置九年一贯课程门类，设置综合课程；改变课程内容"繁、难、偏、旧"和重书本知识的现状，加强与学生生活、社会与科技发展的联系；改变课程实施机械训练的现状，培养学生信息能力和解决问题与交流合作能力；改变课程评价过分强调甄别与选拔的功能，发挥评价促进学生发展、教师提高和改进教学实践的功能；改变课程管理过于集中的状况，实行国家、地方、学校三级课程管理。在课程结构上，小学阶段以综合课程为主，初中阶段设置分科与综合相结合的课程，高中以分科课程为主。各学段设置综合实践活动作为必修课。《基础教育课程改革纲要（试行）》为全面实施素质教育提供了载体，体现了教育性的课程政策价值取向。

新世纪以来，全面实施素质教育阶段，国家基础教育得到快速发展，素质教育成为教育发展主题，教育内涵发展不断深化，均衡程度和教育质量不断提高。随着社会经济的发展，人民群众对高质量教育的要求也不断提高，教育在一定程度上不能满足人民群众对上好学的需求，择校问题成为基础教育政策难题。学生负担相对较重，素质教育任务还非常艰巨。

五、加快从教育大国向教育强国迈进阶段

加快从教育大国向教育强国迈进阶段（以下简称向教育强国迈进阶段），是指从2010年8月全国教育工作会议召开，出台《国家中长期教育改革和发展规划纲要（2010—2020年）》（以下简称《教育规划纲要》）至今。全国教育工作会议和《教育规划纲要》，是贯彻落实党

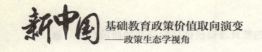
的十七大精神，根据"优先发展教育，建设人力资源强国"的战略部署召开和制定的，对我国教育发展提出了新的、更高的要求。

（一）基础教育办学权力和责任分配政策的价值取向

《教育规划纲要》进一步明确了基础教育在国家总体政策中的权力和责任，指出：百年大计，教育为本；教育是民族振兴、社会进步的基石，是提高国民素质、促进人的全面发展的根本途径，寄托着亿万家庭对美好生活的期盼；强国必先强教；优先发展教育、提高教育现代化水平，对实现全面建设小康社会奋斗目标、建设富强民主文明和谐的社会主义现代化国家具有决定性意义；在党和国家工作全局中，必须始终坚持把教育摆在优先发展的位置；加快从教育大国向教育强国、从人力资源大国向人力资源强国迈进，为中华民族伟大复兴和人类文明进步做出更大贡献。《教育规划纲要》对教育和基础教育的权力和责任的定位，体现了国家对教育的战略性、功利性的政策价值取向，是政治性政策价值取向的体现。

向教育强国迈进阶段，基础教育在教育总体政策中的权力和责任的基础性、公平性、公益性和普惠性进一步强化。《教育规划纲要》指出，形成惠及全民的公平教育；坚持教育的公益性和普惠性，保障公民依法享有接受良好教育的机会；推进义务教育均衡发展，均衡发展是义务教育的战略性任务；建立健全义务教育均衡发展保障机制；推进义务教育学校标准化建设，均衡配置教师、设备、图书、校舍等资源。为提高教育质量，国家出台了《全国教育人才发展中长期规划（2010—2020年）》，教育部和财政部联合制定了《关于实施"中小学教师国家级培训计划"的通知》，把提高教师水平，作为提高教育质量、促进义务均衡发展的根本任务，进一步加大政策支持力度。推进义务教育均衡发展，是在基本普及九年义务教育的基础上，为推进义务教育高水平发展、促进教育公平、实现义务教育公益性和普惠性的目标提出的战略性政策，既体现了基础教育政策的经济性价值取向，也体现了政治性和社会性价值取向，是新时期为加快提高基础教育水平而提出的具有中国特色的基础教育政策。

这一阶段，基础教育在国家、地方和教育组织中的权力和责任分配，继续坚持分级管理、以县为主的基础教育管理体制。促进义务教育均衡发展和建立城乡教育一体化发展机制，成为这一时期地方基础教育的重点任务。《教育规划纲要》指出，加快缩小城乡差距，建立城乡一体化义务教育发展机制，在财政拨款、学校建设、教师配置等方面向农村倾斜，率先在县（区）域内实现城乡均衡发展，逐步在更大范围内推进。国务院于 2012 年出台了《关于深入推进义务教育均衡发展的意见》和对县域义务教育均衡发展进行评估的政策。与此同时，国家也加大了对义务教育发展的统筹和支持力度。《教育规划纲要》提出，加大对革命老区、民族地区、边疆地区、贫困地区义务教育的转移支付力度，鼓励发达地区支援欠发达地区。国家初步建立了推进义务教育均衡发展和促进城乡一体化的分级管理格局，中央政府加大转移支付的支持力度，省级政府建立了统筹管理的机制，县（区）政府承担主要责任。这些政策体现了经济性政策价值取向，取得了实效。

（二）基础教育受教育权利和机会分配政策的价值取向

这一阶段，国家基础教育起点、过程和结果的受教育权利和机会分配政策，反映了国家在努力实现公平的政策价值取向。《教育规划纲要》提出，要建成覆盖城乡的基本公共教育服务体系，逐步实现基本公共教育服务均等化，缩小区域差距；努力办好每一所学校，教好每一个学生，不让一个学生因家庭经济困难而失学；切实解决进城务工人员子女平等接受义务教育问题；保障残疾人受教育权利；把促进公平作为国家基本教育政策；教育公平是社会公平的重要基础；教育公平的关键是机会公平，基本要求是保障公民依法享有受教育的权利，重点是促进义务教育均衡发展和扶持困难群体，根本措施是合理配置教育资源，向农村地区、边远贫困地区和民族地区倾斜，加快缩小教育差距；教育公平的主要责任在政府，全社会要共同促进教育公平；适应城乡发展需要，合理规划学校布局，办好必要的教学点，方便学生就近入学；坚持以输入地政府管理为主、以全日制公办中小学为主，确保进城务工人员随迁子女平等接受义务教育，研究制定进城务工人员随迁子女接受义务教育后在当地参加升学考试的办法；建立健全政府主导、社会参与的农村留守儿童关爱服务体系和动态监测机制；加快农村寄宿制学校建设，优先满足留守儿童住宿需求；采取必要措施，确保适龄儿童少年不因家庭经济困难、就学困难、学习困难等原因而失学，努力消除辍学现象。

通过推进均衡发展，实现基础教育基本公共服务均等化，实现教育机会和过程的公平，是这一时期基础教育政策的重要价值取向，体现了政治性、社会性的政策价值取向。

（三）基础教育育人目标及课程与评价政策的价值取向

这一阶段，国家基础教育育人目标政策进一步体现了以人为本的教育性价值取向。《教育规划纲要》提出，全面贯彻党的教育方针，坚持教育为社会主义现代化建设服务，为人民服务，与生产劳动和社会实践相结合，培养德智体美全面发展的社会主义建设者和接班人；为确保教育过程的质量，建立国家义务教育质量基本标准和监测制度；严格执行义务教育国家课程标准、教师资格标准；深化课程与教学方法改革，推行小班教学；配齐音乐、体育、美术等学科教师，开足开好规定课程；增强学生体质，科学安排学习、生活、锻炼，保证学生睡眠时间，大力开展"阳光体育"运动，保证学生每天锻炼一小时，不断提高学生体质健康水平；提倡合理膳食，改善学生营养状况，提高贫困地区农村学生营养水平；保护学生视力；注重学思结合、知行统一、因材施教等教育方法和途径。国家再次提出，减轻中小学生课业负担，要求各级政府把"减负"作为教育工作的重要任务，统筹规划，整体推进；要求学校把"减负"落实到教育教学各个环节，给学生留下了解社会、深入思考、动手实践、健身娱乐的时间。

这些育人目标和过程的政策体现了新时期国家更加注重学生的全面、协调、可持续发展，体现了以人为本的教育性价值取向。

改革开放后五个历史阶段基础教育政策的发展，体现了不断完善的政策发展过程。国家基础教育政策伴随国家政治、经济、社会和文化的总体政策的发展而发展。教育体制机制不断完善，社会主义现代教育体系不断优化，教育保障和服务水平不断提升，义务教育基本普及，"两基"目标基本实现，素质教育不断推进，以人为本的科学育人思想和模式逐步落实。国家基础教育政策从政治性、经济性价值取向主导，逐步向教育性价值取向主导的方向转变。教育政策价值取向逐步显现出多元融合、相互促进的优化态势，为促进基础教育科学发展建立了相对科学的政策价值取向形成机制。

■ 第三节　政策价值取向阶段演变的基本特征

新中国基础教育政策价值取向的阶段演变过程体现了如下三方面基本特征。

一、国家总体政策的价值取向对基础教育政策起主导作用

基础教育作为国家教育事业的基础，既是关乎国家人力资源素质的基础性、全局性、先导性事业，也是关乎国家民生和社会公平的事业，还是国家文化传承与发展的基础性事业，因此基础教育一直是国家政策关注的重点领域，受到国家总体政策的影响。新中国基础教育政策价值取向的阶段性演变，一直受到国家总体政策价值取向的影响。

新中国成立初期，社会主义改造阶段，国家各项事业发展都依据1949年9月30日通过的《中国人民政治协商会议共同纲领》实施。基础教育的各项政策也都是在《共同纲领》的指导下制定。《共同纲领》提出的关于文化和教育事业发展的"阶级性"、"工具性"价值取向，

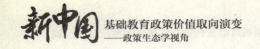

也成为这一历史阶段基础教育政策的主导价值取向，体现了政治性的价值取向。

1956 年，当社会主义改造基本完成，社会主义事业进入积极探索阶段，国家各项事业进入一个相对快速发展时期。从 1957 年 10 月党的八届三中全会，到 1962 年 9 月党的八届十中全会，毛泽东关于"以阶级斗争为纲"的思想逐渐形成，并影响到教育事业发展。1958 年 9 月 19 日发布的《中共中央、国务院关于教育工作的指示》，在总结新中国成立九年来教育工作成绩的基础上，进一步明确了教育方针和教育工作的改革重点。"以阶级斗争为纲"的政治性价值取向也成为这一阶段基础教育的主导价值取向。

伴随国家经济体制改革的深化，教育体制改革也提上了政策日程。在教育体制改革初步探索阶段，主导教育事业发展的重要政策是中共中央于 1985 年 5 月改革开放后第一次全国教育工作会议出台的《中共中央关于教育体制改革的决定》。这一文件体现了经济性和教育性价值取向开始主导教育事业的改革发展方向。

1992 年以邓小平"南方谈话"和党的十四大召开为标志，国家教育事业发展进入与社会主义市场经济体制相适应的历史阶段。十四大确立了"教育优先发展的战略地位"，1993 年 11 月，中国共产党第十四届中央委员会第三次全体会议通过《中共中央关于建立社会主义市场经济体制若干问题的决定》，进一步明确了社会主义市场经济体制的理论和政策。1993 年《中国教育改革和发展纲要》发布，成为指导这一阶段教育事业发展的纲领性政策。这一时期基础教育政策的价值取向进一步体现了"效率优先"的经济性价值取向，但这种经济性价值取向基本是在尊重教育性价值取向的基础上实现的。

进入新世纪之际，我国基础教育政策更加关注到人的发展，教育政策进入全面实施素质教育，促进教育内涵发展阶段。这一时期影响教育发展的主导政策包括：1999 年 6 月全国教育工作会议出台的《中共中央国务院关于深化教育改革全面推进素质教育的决定》；2002 年

11 月 8 日，江泽民在中国共产党第十六次全国代表大会上作的《全面建设小康社会，开创中国特色社会主义事业新局面》工作报告；2003年党的十六届三中全会通过的《关于完善社会主义市场经济体制若干重要问题的决定》；2007 年 10 月 5 日，胡锦涛在中国共产党第十七次全国代表大会上作的《高举中国特色社会主义伟大旗帜　为夺取全面建设小康社会新胜利而奋斗》工作报告。基础教育政策开始更加注重人的全面素质发展，更加体现"以人为本"的教育性价值取向的主导地位，更加关注教育作为社会公平的基础的社会性价值。因此，这一历史阶段基础教育政策在逐步回归教育性价值的基础上，兼顾实现教育的经济性价值、社会性价值和政治性价值。

2010 年 8 月，全国教育工作会议出台了《国家中长期教育改革和发展规划纲要（2010—2020 年）》，标志着国家教育发展进入"向教育强国迈进"的历史阶段。这是对党的十七大精神、"优先发展教育，建设人力资源强国"战略部署的贯彻落实。这一时期的基础教育政策，在开发人力资源、实现人力资源强国目标的政治性、经济性价值取向的指导下，兼顾教育促进社会公平的社会性价值取向，努力回归尊重教育规律的教育性价值取向，形成了政治性、教育性、社会性、经济性价值取向的相互融合、统筹平衡发展的态势。

在 60 多年的新中国基础教育政策价值取向演变过程中，国家总体政策对基础教育政策的影响，是基础教育始终坚持社会主义办学方向的政治性价值取向的需要。

二、教育性价值取向是基础教育政策始终追求的价值基础

在基础教育政策价值取向的演变过程中，在国家总体性政策价值取向的影响下，无论是受政治性价值取向主导还是受经济性价值取向主导，或是受社会性及文化性价值取向主导，基础教育政策都没有完全脱离教育性价值取向。教育性价值取向是基础教育政策始终追求的

价值基础，是基础教育政策始终探寻教育规律的体现。

新中国成立初期，社会主义改造阶段，基础教育育人目标是在新民主主义教育方针指导下提出的。1952 年颁布的《小学暂行规程（草案)》和《中学暂行规程（草案)》都指出，中小学应对学生实施智育、德育、体育、美育等全面发展的教育。这些关于中小学教育目标的描述反映了关注学生全面发展的教育性价值取向。

社会主义建设积极探索阶段，是社会主义教育制度在探索中逐步完善阶段。这一时期社会主义教育方针初步形成。1957 年 2 月 27 日，毛泽东在扩大的最高国务会议上作出《关于正确处理人民内部矛盾的问题》的讲话。讲话提出："我们的教育方针，应该使受教育者在德育、智育、体育几方面都得到发展，成为有社会主义觉悟的有文化的劳动者。"1958 年 9 月 19 日发布的《中共中央、国务院关于教育工作的指示》中指出，"党的教育工作方针，是教育为无产阶级的政治服务，教育与生产劳动结合"（中国教育年鉴编辑部，1984）[688]。这一阶段，逐步形成的社会主义教育方针中关注了受教育者德、智、体等几方面素质的发展，倡导教育与生产劳动相结合的教育方式，这些都在一定程度上体现了教育性的价值取向。

改革开放初期，基础教育育人目标及课程与评价政策在纠正"文化大革命"时期"左"的、政治性育人目标基础上，坚持和发扬了新中国成立初期集教育性、政治性和社会性于一体的教育方针，增加了新时期教育发展的新的指导方针，如"四有"，即"有理想、有道德、有知识、有体力"，和"三个面向"，即"教育要面向现代化、面向世界、面向未来"。这一时期基础教育育人目标政策体现了教育性价值取向。

教育体制改革初步探索阶段，教育基本秩序得以恢复，教育事业进入蓬勃发展阶段。《中共中央关于教育体制改革的决定》指出："教育必须为社会主义建设服务，社会主义建设必须依靠教育。社会主义现代化建设的宏伟任务，要求我们不但必须放手使用和努力提高现有的人才，而且必须极大地提高全党对教育工作的认识，面向现代化、面向世界、面向未来，为九十年代以至下世纪初叶我国经济和社会发展，大规模地准备能够坚持社会主义方向的各级各类合格人才。……所有这些人才，都应该有理想、有道德、有文化、有纪律，热爱社会主义祖国和社会主义事业，具有为国家富强和人民富裕而艰苦奋斗的献身精神，都应该不断追求新知，具有实事求是、独立思考、勇于创造的科学精神。"《决定》对教育目标的要求，虽然体现了教育的工具性价值取向，但其中关于人才的基本素质的描述也体现了教育性价值取向。

与社会主义市场经济体制相适应阶段和全面实施素质教育阶段，国家于 1993 年发布《中国教育改革和发展纲要》，1994 年召开改革开放后第二次全国教育工作会议，1999 年 6 月改革开放后第三次全国教育工作会议召开，发布《中共中央国务院关于深化教育改革全面推进素质教育的决定》。《纲要》中指出：中小学要由"应试教育"转向全面提高国民素质的轨道，面向全体学生，全面提高学生的思想道德、文化科学、劳动技能和身体心理素质，促进学生生动活泼地发展，办出各自的特色（中国教育年鉴编辑部，1999）[1-8]。1997 年 10 月 29 日，原国家教委印发《关于当前积极推进中小学实施素质教育的若干意见》，指出：素质教育是以提高民族素质为宗旨的教育。它是依据《教育法》规定的国家教育方针，着眼于受教育者及社会长远发展的要求，以面向全体学生、全面提高学生的基本素质为根本宗旨，以注重培养受教育者的态度、能力，促进他们在德智体等方面生动、活泼、主动地发展为基本特征的教育。《素质教育决定》指出实施素质教育，就是全面贯彻党的教育方针，以提高国民素质为根本宗旨，以培养学生的创新精神和实践能力为重点，造就"有理想、有道德、有文化、有纪律"、德智体美等方面全面发展的社会主义事业建设者和接班人。素质教育的提出进一步体现了教育性的价值取向。

向教育强国迈进阶段，基础教育育人目标政策的价值取向进一步

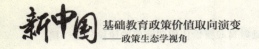
体现了以人为本的教育性价值取向。《教育规划纲要》提出，全面贯彻党的教育方针，坚持教育为社会主义现代化建设服务，为人民服务，与生产劳动和社会实践相结合，培养德智体美全面发展的社会主义建设者和接班人。

此外，从新中国成立以来，每个历史时期几乎都提出了减轻中小学生过重学业负担的政策要求。"减负"政策体现了以人为本、尊重规律、关注学生身心发展的教育性价值取向。1955 年 7 月 1 日，教育部下发了新中国成立以来第一个"减负"的文件，即《教育部关于减轻中、小学校学生过重负担的指示》。文件中归纳总结了新中国成立以来尤其是 1954 年发生的学生负担过重的现象和问题，从改善教材、提高教师水平、改进学校领导、掌握教材分量和授课进度、减轻课外作业、改善考试制度和平时考查、改进课外活动、遵守作息时间等方面提出了具体要求。1964 年 5 月，中共中央、国务院批转教育部临时党组《关于克服中小学学生负担过重现象和提高教学质量的报告》。1964 年 7 月，教育部发出《关于调整和精简中小学课程的通知》。1990 年 2 月，原国家教委发出《关于重申贯彻〈关于减轻小学生课业负担过重问题的若干规定〉的通知》。与此同时，一场关于"应试教育"和"素质教育"的讨论开始酝酿。新世纪以来，国家又多次提出减轻学生过重学业负担的要求，体现了国家以人为本的教育性价值取向。

从新中国基础教育政策演变可以看出，教育性价值取向是基础教育政策的基础性价值取向，是其他各种价值取向得以实现的基础，贯串于教育政策的全过程。

三、基础教育政策价值取向是各种价值取向综合统筹的结果

通过对新中国基础教育政策价值取向的分析，可以发现政治性价值取向、经济性价值取向、社会性价值取向、文化性价值取向和教育性价值取向在每一时期的教育政策中都有所体现，有的是根本性价值

取向，有的是主导性价值取向，有的是辅助性价值取向，有的是基础性价值取向。教育政策所体现出的价值取向是政治决策制定者根据国家和社会发展的需要，对各种价值取向的平衡和综合统筹的结果。

一般来说，政治性价值取向是基础教育政策的根本性价值取向。政策的制定是国家政治决策团体的主要行为，因此政策的根本价值取向一定体现了国家政治决策者的政治性价值取向。教育作为国家社会事务之一，所反映的是国家政治利益对教育工作的需求。新中国成立以来，每一时期基础教育政策都体现了国家需求的政治性价值取向。新中国成立伊始，社会主义改造时期，基础教育政策体现了阶级性、工具性的政治性价值取向；社会主义建设积极探索阶段，基础教育政策也体现了"为社会主义服务"、"以阶级斗争为纲"等政治性价值取向；教育体制改革初步探索阶段，国家从发展战略的角度思考基础教育在国家各项事业发展中的定位，把教育确定为国家基础性、先导性、全局性事业，体现了基础教育政策的政治性价值取向；教育与社会主义市场经济体制相适应阶段，国家从经济发展的资源角度确定了教育的定位，也体现了政治性的价值取向；新世纪初，全面推进素质教育阶段，虽然教育性价值取向得到进一步重视，但国家对基础教育依然是从国家人力资源发展的角度进行定位，也体现了政治性价值取向；迈向人力资源强国阶段，国家从社会公平和人力资源发展的角度确定基础教育任务，依然体现了政治性的价值取向。总之，政治性价值取向始终伴随着基础教育政策发展的全过程，决定着基础教育政策的其他价值取向，因此政治性价值取向始终是基础教育政策的根本性价值取向。

与此同时，在基础教育政策演变过程中，政治性价值取向、经济性价值取向和社会性价值取向经常成为基础教育政策演变的主导性价值取向，主导了教育政策文本和实施过程的方向。在改革开放前的历史时期，基础教育的主导性价值取向主要是政治性价值取向。改革开放后的历史时期，有时表现为以政治性价值取向为主导，有时表现为

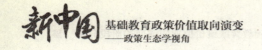

以经济性价值取向为主导，还有时表现为以社会性价值取向为主导。改革开放初期，主要以政治性价值取向为主导；教育体制改革初步探索阶段和教育与社会主义市场经济体制相适应的历史阶段，主要表现为以经济性价值取向为主导，教育政策强调了发展的效率和速度，以及为经济和社会发展服务的工具性价值；在新世纪初全面实施素质教育和向人力资源强国迈进阶段，教育政策逐步表现出以"社会公平"为主导的社会性价值取向和教育性价值取向。

在基础教育政策演变的分析中，也不难发现教育性价值取向始终是基础教育政策的基础性价值取向。它伴随着教育政策的始终，是教育政策必须遵循的价值基础，决定着教育政策的效果。而文化性价值取向，是与教育性价值取向相伴的辅助性价值取向，有时表现在教育政策的显性文本和政策中，有时隐含在教育政策的文本和过程之中。如伴随新中国基础教育发展的"减负"政策，其政策制订的逻辑起点是学生负担重，也是政策要解决的问题。分析发现，中国学生负担过重的原因很多，但其中很重要的原因是文化性的原因，这其中既有中国传统文化中的人才观和学习观的原因，也有新时期社会教育文化和社会用人制度文化的原因，因此"减负"政策虽是教育性价值取向的体现，但更是文化性价值取向的调整，体现了辅助性价值取向的作用。此外，在政治性价值取向、经济性价值取向和社会性价值取向中都会一定程度地有文化性价值取向作为辅助。

根据以上分析，新中国基础教育政策价值取向阶段演变的类型和作用可汇总为表3-2。

表3-2 新中国基础教育政策价值取向类型和作用的阶段演变

历史阶段	主导性价值取向	基础性价值取向	辅助性价值取向
恢复国民经济和社会主义改造阶段（1949—1956年）	政治性价值取向	教育性价值取向	经济性、社会性、文化性价值取向

续表

历史阶段	主导性价值取向	基础性价值取向	辅助性价值取向
社会主义建设积极探索阶段（1957—1966 年）	政治性价值取向	教育性价值取向	经济性、社会性、文化性价值取向
"文化大革命"阶段（1966—1978 年）	极端政治性价值取向	教育性价值取向	经济性、社会性、文化性价值取向
改革开放初期（1978—1985 年）	政治性价值取向	教育性价值取向	经济性、社会性、文化性价值取向
教育体制改革初步探索阶段（1985—1992 年）	经济性和教育性价值取向	教育性价值取向	社会性、文化性价值取向
建立与社会主义市场经济体制相适应的教育体制阶段（1992—1999 年）	经济性和教育性价值取向	教育性价值取向	社会性、文化性价值取向
全面实施素质教育阶段（1999—2010 年）	教育性价值取向	教育性价值取向	政治性、经济性、社会性和文化性价值取向
向教育强国迈进阶段（2010—2020 年）	教育性和社会性价值取向	教育性价值取向	政治性、经济性、和文化性价值取向

　　本章立足于对政策文本的历史研究，分析基础教育政策价值取向的阶段演变，在文本分析的基础上通过描述和文本隐喻分析的方法，提炼基础教育政策的价值取向。在研究过程中发现，基础教育政策价值取向是多种价值取向的综合与统筹，也是各种政策相关利益群体价值取向的综合统筹。

基础教育政策价值取向演变
——政策生态学视角

———— 第四章 ————
基础教育政策生态系统的构建与分析

　　本章在分析新中国教育生态系统和政策生态系统
的基础上，构建新中国基础教育政策生态系统，并在
此基础上分析新中国基础教育政策价值取向形成的系
统原因和基本原理，从而为进一步分析新中国基础教
育政策价值取向演变的影响因素和形成机制奠定基础。

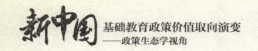

■ 第一节　基础教育政策生态系统的成分与结构

本章研究的基础是借鉴自然科学中生态系统理论，分析基础教育系统和教育政策系统，借鉴生态系统相关理论，分析基础教育政策及其价值取向形成机制。

一、基础教育政策生态系统的分析框架

根据第一章关于生态系统、基础教育生态系统、政策生态系统的分析，本研究构建了基础教育政策生态系统组成成分模型（见图4-1）。

基础教育政策生态系统主要成分包括：基础教育政策环境、基础教育政策制定者、基础教育政策执行者和基础教育政策受用者。这些成分可以分别对应自然生态系统中的生产者、消费者、分解者。基础教育政策的生产者，主要包括国家基础教育政策决策部门、基础教育政策研究和建议部门等；基础教育政策的消费者，承担基础教育政策的执行作用，主要包括各级政府、教育行政部门、基础教育政策相关部门（如人事部门、财政部门等）和教育组织（学校）等；基础教育政策的分解者，是基础教育政策的受用者，主要包括教育组织（学校）、教师、学生及学生家长。

基础教育政策生态系统的结构也表现为基础教育政策信息传递的层级结构、时间结构、效能结构。基础教育政策信息传递的层级结构主要体现在基础教育政策制定和执行主体的行政层级结构。基础教育政策生态系统的时间结构，主要是指伴随政治、经济、社会、文化和其他教育环境的变化而来的政策生态系统的结构演变（演替）。基础教育政策生态系统的效能结构是指在基础教育政策信息传递和政策实施

过程中各要素之间最本质的政策效能联系，形成了如同食物链和食物网一样的政策链和政策网。

基础教育政策生态系统的结构和功能是进行基础教育政策制定和执行分析的理论框架。

基础教育政策生态系统 { 基础教育政策环境 { 政治生态环境、经济生态环境、社会生态环境、文化生态环境、其他教育环境
基础教育政策生态主体部分 { 基础教育政策制定者（生产者）：国家基础教育政策决策部门、政策研究和建议部门
基础教育政策执行者（消费者）：各级政府、教育行政部门、相关部门、教育组织及学校
基础教育政策受用者（分解者）：教育组织及学校、教师、学生及家长

图 4-1　基础教育政策生态系统组成成分

二、基于生态系统成分与结构的新中国基础教育政策价值取向分析

价值取向是政策制定的基础。任何一个政策都受价值取向影响，并依据价值取向配置资源和调控行为秩序。政策中蕴含着政策制定者的价值取向选择，并通过政策生态系统得以固化和传递。基础教育政策的价值取向与基础教育政策生态系统紧密相关。

（一）政策价值的多元性源于政策生态环境的多元性

基础教育政策生态系统主要成分包括政策环境和政策主体。基础教育政策环境包括政治、经济、社会、文化和其他教育环境。基础教育政策的制定受基础教育政策环境的影响。根据生态系统生态学的一般原理，生产者是直接转化环境中的无机物和能量的主要成分。在基础教育政策生态系统中，基础教育政策制定者是将环境中的政治因素、经济因素、社会因素、文化因素和其他教育因素等直接转化为基础教育政策的主要角色。基础教育政策制定者在综合考虑相关环境因素时，主要受到环境因素的价值取向的影响，政策制定者在综合平衡的基础

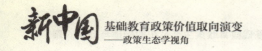

上把环境中多元价值取向纳入基础教育政策价值取向系统中。因此新中国基础教育政策价值取向具有多元性特点，表现出政治性价值取向、经济性价值取向、社会性价值取向、文化性价值取向和教育性价值取向的融合互补、统筹平衡的特征。

（二）政策生态链传递政策价值取向

新中国基础教育政策价值取向在各历史阶段可分为主导性价值取向、基础性价值取向和辅助性价值取向等。这些基础教育政策价值取向主要通过政策文本描述出来，具体要通过政策执行和实施所体现出来。基础教育政策价值取向在政策实施中体现为价值信息交换和价值效能流动。根据基础教育政策生态系统的效能结构可知，基础教育政策价值取向通过基础教育政策生态系统的政策生态链和政策生态网进行传递，实现其政策价值取向的信息交换和效能流动。正如生态系统中能量流动是单向的，在基础教育政策生态系统中，政策价值取向的效能流动也是单向的。

此外，与自然生态系统中能量流动所不同的是，在基础教育政策生态系统中，各政策执行者和政策受用者本身也具有一定的价值取向，这种政策传递主体所固有的价值取向在基础教育政策传递过程中有时会对政策制定者提出的基础教育政策价值取向做出调整，从而影响政策价值取向的执行效能。政策执行者的价值判断和价值取向对政策制定价值取向产生消减甚至转换的影响。这也是国家实施教育政策督导和巡视的重要原因。

（三）主导性价值取向在政策生态系统传递中效能递减

根据生态系统能量流动的一般规律，能量在生态系统食物链的传递中表现出逐级递减的规律。这一规律在基础教育政策价值取向的传递中也有体现，主要表现为基础教育政策的主导性价值取向在基础教育政策生态链的传递中会表现出逐级递减的现象，具体表现为基础教育政策价值取向的实施效能逐级递减。在基础教育政策生态系统中出现这种现象的主要原因包括：社会心理学中的信息传递的衰减原理，以及政策执行者和受用主体的自身价值取向的作用。根据社会心理学研究，信息在人群中经过多次传递后，信息的真实性发生衰减。同理，政策价值取向通过政策文本在政策生态链中经过多次传递，信息也将产生衰减，从而造成政策价值取向的效能衰减。这种递减现象在具体工作中常常被描述为"上有政策，下有对策"，其本质是政策价值取向在政策生态链的每个环节得到的理解和认同有差异，从而出现政策原始价值取向在执行中的变化消减。

政策价值取向的效能在政策生态链传递中逐级递减的更重要原因来自政策执行者和政策受用者自身。与自然生态系统不同，政策生态系统的政策执行者和政策受用者都具有独立的价值判断能力，因此他们在政策执行过程中会通过自身的价值判断，对政策制定者传递下来的政策价值取向进行判断和选择。由于政策执行者和政策受用者与政策制定者所处政策生态位置不同，因此他们各自对政策环境的感受不同，各自对政策价值取向效能的需求不同，从而在政策执行过程中根据自己的理解和政策价值选择，造成政策实施过程中政策价值取向的效能递减。为了避免和减少政策执行的效能衰减现象，政策制定者有时会采取沿政策生态链监督检查的方式，保证政策价值取向效能的有效传递和执行。新中国基础教育政策实施过程中，国家专门成立了教育督导部门负责对基础教育政策执行情况开展督导检查，保证国家基础教育政策的主导性价值取向的落实。

■ 第二节　政策生态系统的特征与原理

基础教育政策生态系统的特征主要表现为基础教育政策生态系统的开放性、稳定性、整体性和流动性。

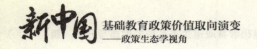
一、政策生态系统的开放性与政策价值取向的多元统筹

生态系统的重要特征是开放性。生态系统的开放性主要表现在生态系统全方位地与系统外界进行物（种）、物质、能量、信息的交流。在基础教育政策生态系统中也存在一般生态系统开放性的特征，具体表现为基础教育政策生态系统与其相关的政治、经济、社会、文化和其他教育环境之间的信息交换、效能流动和压力分担，以及基础教育政策生态系统内部政策制定者、执行者和受用者的信息传递和效能流动与反馈的关系。

政策价值取向是基础教育政策生态系统与外界信息交换、效能流动和压力分担的重要内容。在开放的基础教育政策生态系统中，政策价值取向是系统内外信息交换的重要内容。由于基础教育政策生态系统的开放性，政策价值取向的形成表现为多元统筹的特征。价值取向的多元统筹，主要表现为来自政策系统环境的外生性统筹影响和来自系统内部的内生性统筹影响（见图4-2）。

图4-2　基础教育政策价值取向多元统筹生态系统模型

基础教育政策价值取向的外生性主要是指由基础教育政策生态系

统外部环境要素带来的政策价值取向信息对政策生态系统内部的影响。由于基础教育政策生态系统外部环境要素的多元性，其所带来的政策价值取向也表现出多元性。政治性政策环境带来的是政治性价值取向；经济性政策环境带来经济性价值取向；社会性政策环境带来社会性价值取向；文化性政策环境带来文化性价值取向；其他教育性政策环境带来教育性价值取向。这些外在的基础教育政策价值取向最终都通过信息传递的方式传递给政策制定者（生产者），政策制定者通过比较分析，最终形成主导性基础教育政策价值取向及相关辅助性和基础性教育政策价值取向，据此制定政策文本，生成基础教育政策。

基础教育政策价值取向也表现出内生性特征。基础教育政策价值取向的内生性主要是指由基础教育政策生态系统内部成分的价值取向反馈所产生的价值效能。基础教育政策制定者、执行者和受用者都是具有价值判断力的价值主体，因此他们对基础教育政策价值具有内生性的价值取向影响，这种影响代表了基础教育政策生态系统内部成分的本位性特征和本位性利益。基于不同的政策流动位置，政策制定者、政策执行者和政策受用者所表达的政策价值取向各不相同。这些政策价值取向可以通过信息交换的方式反馈给政策制定者，政策制定者在统筹外生性政策价值取向的同时，还要统筹内部成分反馈的政策价值取向信息，最终形成主导性政策价值取向。这种政策生态系统内部成分对基础教育政策生态系统主导性价值取向的反作用，是基础教育政策价值取向的内生性模式。

基础教育政策生态系统的开放性特征，为基础教育政策价值取向内生性和外生性多元统筹提供了结构和功能基础。

二、政策生态系统的稳定性与政策价值取向的动态平衡

生态系统具有自我调节功能，表现为生态系统的稳定性。生态系统在运行过程中通过自我调节保持其要素和结构的稳定。当环境或生

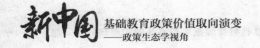

态系统的要素发生变化时，生态系统能够通过自我调节保持系统相对稳定或稳定发展（演替）。基础教育政策生态系统也具有生态系统的稳定性特征，具体表现为基础教育政策生态系统结构的相对稳定、基础教育政策生态系统组成成分的相对稳定、基础教育政策生态系统运行的相对稳定。基础教育政策生态系统的稳定性是建立在基础教育政策生态系统自我调节的内在平衡机制基础上的。基础教育政策的变化也会带来基础教育政策生态系统的变化，但由于基础教育政策生态系统的相对复杂性，系统内各种成分通过自我调节实现了基础教育政策生态系统的动态平衡。

基础教育政策生态系统的稳定性和动态平衡在一定程度上体现了基础教育政策价值取向的动态平衡。基础教育政策价值取向演变过程中，有时以政治性价值取向为主导，有时以经济性价值取向为主导，有时以社会性价值取向为主导或以教育性价值取向为主导，基础教育政策价值取向的演变相应地带来基础教育政策生态系统的变化。由于基础教育政策生态系统各成分具有对政策价值取向的自我调节功能，因此基础教育政策价值取向在演变中表现出一种动态平衡的状态，使基础教育政策生态系统保持了稳定的发展和演替，基础教育政策效能不断优化提升。后面我们将就新中国基础教育政策生态系统的演变做深度分析。无论基础教育政策的主导价值取向是什么，其他价值取向都会作为辅助性价值取向和基础性价值取向，在政策实施过程中起到基础性作用或缓和作用，从而支持和调节主导性价值取向的效能。

三、政策生态系统的整体性与政策价值取向的相互关联

生态系统的整体性是指系统的有机整体，其存在的方式、目标、功能都表现出统一的整体性。任何生态系统都是由多要素结合而成的统一体。生态系统的整体性表现为各成分间的相互关联。生态系统发展演替和进化的过程中，系统中任何一种要素的变化都会带来系统整

体的变化，并通过自动调节和发展达到新的平衡。

基础教育政策生态系统也具有整体性特征，具体表现为政策生态系统的各成分相互联系、相互作用，形成动态平衡的系统整体。基础教育政策生态系统的任何一成分或要素发生变化，都会带来整个系统的变化。基础教育政策价值取向作为基础教育政策生态系统的要素，同样表现出相互关联性。一方面，基础教育政策价值取向间不是独立存在，各种价值取向既相互区别也相互依存，各种价值取向通过相互联系和相互作用形成价值取向的整体效能，并通过基础教育政策生态系统得以传递和流动。另一方面，基础教育政策价值取向又相互制约，任何一种政策价值取向走向独立运行的极端时，都会给基础教育生态系统带来灾难性损失。因此基础教育政策价值取向通过基础教育政策生态系统的整体性实现了相互联系、相互制约与相互辅助的效果。

基础教育政策生态系统的开放性、稳定性和整体性特征，奠定了基础教育政策价值取向的多元统筹的生成原理、动态平衡的流动原理、相互关联的效能原理，为进一步系统分析新中国基础教育政策价值取向的形成机制、实施机制和效能机制奠定了理论基础。

■ 第三节　政策生态系统演替与价值取向演变

新中国基础教育政策生态系统在发展中不断发生变化，借鉴生态系统时间结构的概念，这种变化可以称为"基础教育政策生态系统演替"。本书将新中国基础教育政策的演替分为改革开放前和改革开放后两个历史时期，其中改革开放前分为三个历史阶段，改革开放后分为五个历史阶段。基础教育政策生态系统的这种演替是受到基础教育政策生态系统要素和成分的变化影响，产生的自我调节和动态平衡过程。

严荣（2005）从政策生态系统平衡角度出发，将政策生态系统区分为常规型政策生态系统、非常规型政策生态系统和转型期（过渡型）政策生态系统三种类型。常规型政策生态系统表现为社会政治系统中输入端的支持与压力相对均衡，社会制度规范、社会理性相对稳定和有序；非常规型政策生态系统则较多地表现出支持与压力失衡，并且是压力大于支持、社会相对无序的状况。在常规型政策生态系统与非常规型政策生态系统之间还存有一种既不属于常规型生态系统，也不属于非常规型生态系统的"过渡型"政策生态系统，即转型期政策生态系统。转型期政策生态系统主要表现为：政治秩序稳定但政治系统不均衡，经济体系正在逐步完善但不健全，文化价值观存在但缺乏支柱，社会在进步但问题丛生。在常规型政策生态系统和非常规型政策生态系统下，公共政策的产生和运行机理都有较大差异。在常规型政策生态系统下，因为政治系统相对均衡，政策制定和创新更多地呈现出"维护性"特征；而在非常规型政策生态系统下，公共政策必须针对众多社会问题做出主动、及时、有效的回应，因而呈现"回应性"特征。在社会转型期政策生态系统下，公共政策一方面要起到维护现有社会秩序、维持社会发展的作用，另一方面又要回应社会对政府的要求，因而呈现"维护＋回应"双重特征。

一、新中国基础教育政策生态系统演替的过程分析

依据严荣（2005）提出的政策生态系统三种类型，分析新中国基础教育政策生态系统演替过程，可以得出如下结论。

（一）动态发展的转型期政策生态系统

新中国成立初期，社会主义改造时期，基础教育政策生态系统处于由新民主主义教育生态系统向社会主义教育生态系统的转型期，表现为转型期过渡型生态系统特征。基础教育受教育权及教育权等政治性秩序不均衡，处于逐步完善的过程；基础教育内容系统也处于完善过程。基础教育政策一方面表现为"维护"新民主主义基础教育政策

中适应社会主义制度的部分，另一方面也表现为"回应"那些不适应社会主义制度的基础教育政策，如统一学制、建立公办学校为主体的办学权等。总之，基础教育政策生态系统处于由新民主主义向社会主义过渡的社会主义改造时期，基础教育政策生态系统处于以"维护＋回应"为特征的过渡型阶段。

社会主义建设积极探索阶段，虽然社会主义的基础教育政策生态系统初步建成，但正处于政策生态系统发展完善过程中，因此也属于转型期过渡型政策生态系统类型。这一时期，国家基础教育的政治性价值取向进一步强化，社会主义基础教育政策生态系统在积极探索中曲折前行。基础教育政策生态系统一方面表现为"维护"现有的社会主义基础教育政策，另一方面开始"回应"符合社会主义发展规律的新的基础教育政策。

改革开放初期，基础教育政策生态系统再次进入转型期过渡型时期。基础教育政策生态系统从"文化大革命"时期极度混乱的非常规型政策生态系统，逐步恢复、过渡到社会主义基础教育政策生态系统。基础教育政策生态系统在"维护"部分适应社会主义基础教育需求的政策外，重点处于"回应"相关基础教育政策问题，不断完善基础教育政策生态过程中。到 1985 年，基本符合社会主义基础教育一般规律的教育政策生态系统初步形成。

1985—1992 年，国家启动教育体制改革工作，教育发展进入教育体制改革初探阶段；1992—1999 年，我国处于建立与社会主义市场经济体制相适应的教育体制阶段。在这两个历史阶段中，基础教育政策在"维护"社会主义基本政策系统的基础上，开始"回应"以社会主义市场经济为特征的经济性政策价值取向带来的发展问题。中国特色社会主义基础教育政策体系开始逐步建立。基础教育政策生态系统继续处于转型期过渡型政策生态系统状态。

进入新世纪，基础教育发展进入全面实施素质教育、推进教育内涵发展阶段。这一阶段，基础教育政策生态系统进入建立以全面实施

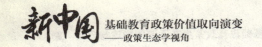

素质教育为主题的促进教育内涵发展政策阶段。基础教育政策在"维护"不断完善的中国特色社会主义基础教育政策体系基础上，进一步"回应"实施素质教育、促进教育均衡发展等教育发展的内涵性政策。这一阶段基础教育政策生态系统依然处于转型期过渡型政策生态系统状态。

2010 年，国家召开改革开放以来第四次全国教育工作会议后，教育发展进入从教育大国向教育强国迈进阶段。这一阶段，虽然基础教育政策生态系统已经非常完善，但依然面临很多新的问题。基础教育政策生态系统在继续"维护"中国特色社会主义基础教育政策体系的基础上，还需"回应"基础教育发展中面临的新任务、新挑战。因此，这一时期基础教育政策生态系统依然处于转型期过渡型政策生态系统状态。

通过以上分析可以看出，新中国基础教育政策生态系统一直处于不断完善、不断发展的状态，属于转型期过渡型基础教育政策生态系统类型。其中，唯有"文化大革命"时期，基础教育政策生态系统遭受严重破坏，当时的基础教育政策生态系统属于非常规型政策生态系统。

（二）不同程度的转型期过渡型基础教育政策生态系统

虽然新中国基础教育政策生态系统主要属于转型期过渡型政策生态系统类型，但由于各历史阶段政策发展和完善的水平不同，政策生态系统也表现为不同程度的过渡型。本研究将转型期过渡型政策生态系统分为"初级转型期过渡型政策生态系统"、"中级转型期过渡型政策生态系统"和"高级转型期过渡型政策生态系统"三种子类型。

新中国成立初期社会主义改造阶段、社会主义建设积极探索阶段和改革开放初期，我国基础教育政策生态系统处于初级转型期过渡型政策生态系统阶段，主要特征是：基础教育政策生态系统处于从一种社会形态向另一种社会形态过渡的初级阶段；基础教育政策生态系统从相对薄弱甚至空白的基础上开始完善；基础教育"回应"性政策多于"维护"性政策。

教育体制改革初探阶段和建立与社会主义市场经济体制相适应的教育体制阶段，基础教育政策生态系统处于中级转型期过渡型政策生态系统阶段，主要特征是：基础教育政策处于同一种社会形态的过渡发展过程中，政策环境相对稳定；基础教育政策生态系统在一定基础上完善发展；基础教育"回应"性政策和"维护"性政策比例相当。正是在这两个历史阶段中，中国特色基础教育法律体系初步形成，包括基础教育在内的国家教育体系进入相对规范的运行阶段。

进入新世纪，基础教育发展进入全面实施素质教育、推进教育内涵发展阶段，以及从教育大国向教育强国迈进阶段，国家基础教育政策生态系统处于高级转型期过渡型政策生态系统阶段，主要特征是：基础教育政策处于同一种社会形态发展的相对稳定阶段；基础教育政策生态系统在相对完善的政策基础上进一步发展；基础教育"回应"性政策少于"维护"性政策。这两个历史阶段中，基础教育政策体系基本形成，基础教育运行制度相对规范，但由于社会整体转型与发展需要，以及人民群众对高水平基础教育服务的需要，基础教育政策生态系统中个别体制机制还需进一步完善和改良优化，如进一步促进义务教育均衡发展，提高义务教育整体服务水平，推进城乡教育一体化发展，有效解决流动人口子女入学和升学问题，进一步优化学校课程体系，改革学校教育教学方式等方面还需要进一步建立更加有效科学的政策，优化体制机制等。总之，国家基础教育政策生态系统进入高级转型期过渡型阶段，标志着国家基础教育政策生态系统即将转化为常规型政策生态系统。

二、政策生态系统演替对基础教育政策价值取向演变的影响

新中国基础教育政策生态系统演替对基础教育政策价值取向产生了一定的影响。这些影响体现了基础教育政策生态系统的基本特征。

一方面，基础教育政策生态系统的演替，影响基础教育政策价值取向的丰富程度和复杂程度；另一方面，基础教育政策生态系统的稳定性，有利于保持和维护基础教育政策价值取向。此外，从新中国基础教育政策生态系统演替和价值取向演变的关系来看，基础教育政策生态系统演替的终极目标是回归基础教育政策的教育性价值取向。

（一）政策生态系统发展程度决定基础教育政策价值取向的丰富程度

从前面的分析可以知道，基础教育政策生态系统的演替分为三种类型，也可视为政策生态系统的三种发展水平，分别是：非常规型政策生态系统、转型期过渡型政策生态系统和常规型政策生态系统。在新中国基础教育政策生态系统的演替过程中，转型期过渡型政策生态系统又可根据政策生态系统的发展水平分为初级转型期过渡型政策生态系统、中级转型期过渡型政策生态系统和高级转型期过渡型政策生态系统。

基础教育政策生态系统发展的类型和程度，代表着基础教育政策的完善程度，以及政策价值取向与教育事业发展的适应程度。当基础教育政策处于非常规型政策生态系统状态时，说明该时期基础教育政策混乱无序，基础教育政策价值取向相对单一，处于混乱和无法适应教育实践的状态。当基础教育政策处于常规型政策生态系统状态或接近于此的高级转型期过渡型政策生态系统阶段时，基础教育政策体系处于相对稳定完备的状态，以维护性政策为主体的基础教育政策，投射出多元的价值取向，并得到有效实施。此时，基础教育政策价值取向表现为政治性、经济性、社会性、文化性和教育性价值取向统筹与融合、包容与互补的丰富性和复杂性状态。

在自然生态系统中有这样一条原则：生态系统物种越丰富、生态系统的结构越复杂，生态系统越稳定。据此原理，结合上面的分析，可以得到这样的结论：基础教育政策生态系统发展越成熟，政策越丰富、越完备，基础教育政策价值取向就越丰富、越有效。

（二）政策生态系统的稳定性有利于维护基础性价值取向的落实

从上面的分析可以知道，自然生态系统和政策生态系统都具有开放性、稳定性、整体性。其中生态系统的开放性和整体性保证了生态系统的稳定性。生态系统的稳定性表现为生态系统具有自我调节功能。基础教育政策生态系统也具有生态系统的稳定性特征，具体表现为基础教育政策内容结构的相对稳定、基础教育政策生态系统组成成分的相对稳定、基础教育生态系统运行的相对稳定。基础教育政策的变化也会带来基础教育政策生态系统的变化，但由于基础教育政策生态系统的相对复杂性，系统内各种成分通过自我调节实现了动态平衡。基础教育政策生态系统的稳定性和动态平衡在一定程度上体现了基础教育政策价值取向的动态平衡。从新中国基础教育政策价值取向演变来看，无论基础教育政策生态系统处于什么样的演替阶段，基础教育政策价值取向都相对稳定，有时以政治性价值取向为主导，有时以经济性价值取向为主导，有时以社会性价值取向为主导或以教育性价值取向为主导。无论以什么价值取向为主导，教育性价值取向始终作为基础性价值取向稳定于政策生态系统的动态平衡和演替过程中，在一定程度上确保了基础教育发展方向。

（三）政策生态系统演替的终极目标是回归教育性价值取向

在改革开放前的三个历史阶段中，基础教育政策的主导性价值取向为政治性价值取向；在改革开放后的前三个历史阶段中，基础教育政策的主导性价值取向为经济性价值取向；新世纪以来的两个历史阶段，基础教育政策价值取向逐步转变为以社会性和教育性价值取向为主导。

政策生态系统影响基础教育政策价值取向有三个基本原理，即多元统筹的生成原理、动态平衡的流动原理和相互关联的效能原理。用这三个基本原理分析新中国基础教育政策生态系统可知，在改革开放前的三个历史阶段，由于基础教育系统内部成分和结构还不完善，没有完整地形成政策价值取向的内生性反馈机制，因此基础教育政策价值取向主要受外生性价值取向影响，而此时国家总体政策的价值取向突出了政治性价值取向。这种外生性政策价值取向通过基础教育政策生态系统传递到系统中的政策制定者，于是就成为这一时期的主导性政策价值取向。同样的道理，改革开放后第一个阶段，即改革开放初期，由于基础教育政策体系内部结构和功能的不完善，国家总体政策中的政治性价值取向成为影响基础教育政策的主导性价值取向。改革开放后，国家基础教育政策生态系统逐步完善，在外生性政策价值取向为主体、内生性政策价值取向为辅助的作用下，这一时期的基础教育政策体现了经济性价值取向、政治性价值取向和教育性价值取向的共同作用。新世纪以来的两个历史阶段，基础教育政策生态系统进一步完善，政策价值取向的形成受到外生性政策价值取向和内生性政策价值取向的共同作用，因此基础教育政策价值取向逐步形成以教育性价值取向和社会性价值取向为主导的状态。

基础教育政策价值取向伴随基础教育政策生态系统的发展，逐步回归到以教育性政策价值取向为主导的状态，体现了基础教育政策生态系统功能的完善和效能的提升，这是基础教育政策生态系统的教育性这一基本属性决定的。

综上所述，本章构建了新中国基础教育政策价值取向的生态系统分析模型，借鉴自然科学中生态系统的运行原理，论证了政策生态系统的基本运行规律，描述了政策生态环境因素、政策生产者、政策执行者、政策受用者之间信息传递和效能流动的基本特征，分析了政策生态系统的开放性、稳定性和整体性特征，并在此基础上归纳了基础教育政策价值取向的多元统筹的生成原理、动态平衡的流动原理、相互关联的效能原理。本章基于政策生态系统的基本架构，对新中国基础教育政策生态系统的演替进行了阶段分析，对政策生态系统演替对政策价值取向演变的影响进行了归纳总结。新中国基础教育政策生态系统和价值取向生态分析模型的建立，为进一步分析基础教育政策价值取向的影响因素和形成机制奠定了分析方法和分析模型的基础。

基础教育政策价值取向演变
——政策生态学视角

———— 第五章 ————

新中国基础教育政策价值取向的
影响因素与形成机制

　　本章进一步分析政策生态系统中各种因素对基础
教育政策价值取向的影响，系统分析新中国基础教育
政策价值取向的形成机制。

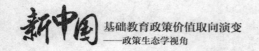
■ 第一节　政策价值取向的影响因素

新中国基础教育政策价值取向的影响因素是多元的。根据第四章建立的基础教育政策价值取向多元统筹生态系统模型可知，影响基础教育政策价值取向的因素主要包括外生性因素、内生性因素，此外还包括政策生态系统基本运行状况的影响。

一、政策价值取向的外生性影响

新中国基础教育政策生态系统外生性价值取向是对基础教育政策价值取向的外生性影响因素。政策生态系统的外生性价值取向是由政策生态系统环境因素形成的。基础教育政策生态系统环境主要指基础教育生态系统赖以运行的大的社会环境和教育系统内的环境。在教育学原理中，一般把教育运行所依赖的大的社会环境看作广义性社会范畴，其中包括了社会政治、社会经济、社会文化科技等内容（黄济，王策三，1996）[2-36]，本书对教育环境因素的分析中，则采用的是狭义的社会概念范畴，即社会与政治、经济、文化（含科技）、教育是平行的关系。其中教育运行所依赖的狭义社会概念范畴主要指一般性社会组成群体和一般性社会群体关系，以及相对于教育的一般社会性功能。除此之外，教育的外部环境还包括教育所依赖的政治环境，如政党、政府、政策等；教育所依赖的经济环境，如经费投入、办学条件、办学效益、经济理论、经济政策等；教育所依赖的文化与科技环境，如文化成果传承、文化交流、文化产品、科技成果、科技发展、文化观念等；教育所依赖的教育环境主要是从教育哲学角度形成的教育观，如教育基本原理、教育基本理念、教育目的、教育手段、教育过程、教育评价等。

价值是客体属性对主体的满足程度和有用程度的关系。所以，教育作为其所依赖的环境的客体，教育的价值就是教育作为客体的属性相对于各种环境主体的满足程度和有用程度的关系。根据一般教育学原理和教育学的基本观点，教育所依赖的，或对教育产生重要影响的环境主体主要包括：政治性主体，如政党、政府或政权机构；经济性主体，如教育投入主体；社会性主体，如一般社会公民和组织；文化性主体，如文化传承者；教育性主体，如教育组织、研究机构、教育者、被教育者。教育相对于这些环境主体所表现出的有用性和对需求的满足程度就是教育的价值。根据教育的不同环境主体，教育表现出不同的价值，具体表现为教育的政治性价值、教育的经济性价值、教育的社会性价值、教育的文化性价值和教育自身的教育性价值。当教育政策主体对某种教育价值进行选择时，即表现为某种教育价值取向。

二、政策价值取向的内生性影响

新中国基础教育政策生态系统内生性价值取向对基础教育政策价值取向的影响主要体现在基础教育生态系统内部的政策制定者、执行者、受用者对教育价值取向的反馈和影响。其中教育政策制定者的价值取向以及其对相关价值取向影响因素的采纳情况，决定了政策价值取向的结果。

（一）基础教育政策制定者的内生性影响

基础教育政策制定者主要包括政策决策中枢组织和政策咨询参谋系统。政策制定是行政决策的过程，政策是决策的结果。因此政策制定和决策是紧密相连的行政行为。基础教育政策制定者的内生性影响，取决于政策制定者的决策过程和自身价值取向。

决策就是指"决定"或"做出选择"。美国学者斯蒂芬·罗宾斯（Stephen Robbins）在《组织行为学》（*Organizational Behavior*）一书中提出，决策就是决策者"在两个或多个方案中进行选择"（Robbins,

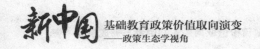

Judge，2013）。张国庆把决策定义为具有行政决策权的组织和个人为了有效实现行政目标，从多种可能的行政方案中做出选择或决定的过程（张国庆，2007）[232]。毛泽东指出，"一切事情是要做的"，人做事的前提是"必须先有人根据客观事实，引出思想、道理、意见，提出计划、方针、政策、战略、战术，方能做得好"（毛泽东，1991）[477]。这里所说的"提出计划、方针、政策、战略、战术"，就是决策。行政决策一般具有以下特点：行政决策的主体是掌握行政权力的个人或组织，行政决策的主体就是政策制定的主体；行政决策的内容是行政事务，也就是行政决策的客体，其中包括政策；行政决策的价值取向是公共利益，一般是坚持公共利益最大化的原则（张国庆，2007）[234]。

决策结果是决策者（政策制定者）的决策过程和决策者自身素质及价值取向共同作用的结果。决策研究者提出了决策的两个基本维度：谁制定政策（决策者），如何做出决策（过程）。过程和决策者是决策过程不可分割的两个部分，二者结合在一起组建成"制定政策的维度结构图"（英博 等，2003）[98-99]。如图 5 - 1 所示，决策中的决策者位于横轴上。横轴左端是社会的/个性化的模式，这种模式下，不同利益群体结合各自对问题的理解和个人的价值取向，通过协商的形式对问题做出决策；横轴右端是组织的/官僚化的模式，在这种模式下，由组织实体对问题做出决策。纵轴表示决策过程中的方法，从渐进式到总揽式。

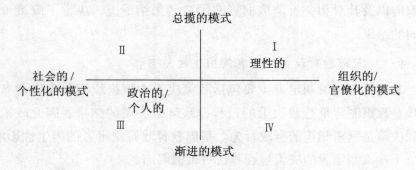

图 5 - 1 制定政策的维度结构

资料来源：英博，等. 教育政策基础 [M]. 史明浩，等，译. 北京：教育科学出版社，2003：99.

　　总揽式也称概要式，这种决策方法由整个社会服务的单一的中央规划权威组织，把所有的政治、经济、社会等政策集中到一个完整的规划过程中（Lindblom，1979）。总揽式决策过程的基本理念是，没有问题能超出人的认识能力，即"办法总比困难多"，存在可以判断解决办法的一致的标准，解决问题的人和决策者有足够的动机始终坚持这种概要式、总揽式的决策分析方法。渐进式决策过程是依靠互动来设计解决问题的方案，而不是依靠对情景的全面分析。渐进式决策方法的基本理念是，政策选项是建立在非常不确定的、流动的知识基础上的，是与动态的情境相呼应的；不可能找到正确的解决方法，只能做出渐进性的、有限的政策调整；可以用政策调整，对政策不足进行补救，改善目前的情况。渐进式的政策决策模式是一种尝试性模式，随着事态发展不断调整政策的过程，有"摸着石头过河"的意思。

　　图5-1中，右上方（第一象限）是理性的模式，它是总揽式的方法和组织的/官僚化的模式的合成物。这种决策是单一的、理性的、中央集权控制的和完全技术性的。左下方（第三象限）是渐进式的方法和社会的/个性化的模式合成体。这种决策是一种政治活动，涉及自身利益、政治争议、价值判断以及多种不同理性。大多数决策居于第二象限和第四象限，体现了决策的折中性特点，从决策的政治和制度因素背景出发，综合分析决策的合理性。教育决策往往是折中决策的模式，体现了教育决策过程的复杂性和多面性特点。

　　在新中国基础教育政策决策过程中，体现了决策过程的以上特点。在不同发展阶段，政策制定者由于对决策者角色的定位不同，选择了不同的决策模式，其结果表现在基础教育政策及其价值取向的选择上。

　　（二）基础教育政策实施者的内生性影响

　　基础教育政策实施者主要包括各级教育行政部门和教育组织、学校。这些政策执行部门要根据基础教育政策内容要求，制定本地区、本领域的政策执行方案，有时也制定具体执行性政策。政策实施属于行政执行范畴，是指以国家行政机关为主体的多元社会组织，为了落

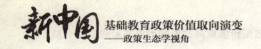
实和实施国家意志、国家目标，依法贯彻法律、法规、公共政策的诸活动的总称（张国庆，2007）[261]。

政策执行的以下特点影响政策制定的价值取向。一是政策执行主体价值取向影响政策执行和政策制定。国家行政机关一直被认为是政策执行的唯一主体。20世纪70年代西方国家政府改革运动兴起，打破了"国家行政机关是行政执行的唯一主体"这一命题。国家行政机关通过扮演掌舵者的角色，利用市场竞争机制，使企业和社会组织直接参与到公共政策的落实和公共产品的提供过程当中，形成了行政执行的多元主体格局。政策执行主体扩大到企业、第三部门、社会团体、社区等。政策执行主体的变化带来政策执行效果和政策执行价值选择的变化，这些信息将反馈给政策制定者，影响政策制定过程的价值选择。同时政策执行者自身的价值取向不仅影响政策执行，还间接通过信息反馈的方式影响政策制定。二是政策执行手段多样性影响政策制定的价值取向。政策执行目的是贯彻落实国家意志、国家目标、法律、法规和公共政策。政策执行的目的是明确的。但为达到政策目的，政策执行手段是多样的。主要原因是：政策执行的价值是多样的，政策执行是价值冲突和平衡的过程；政策执行方式是多样的，政策执行主体的多元化、执行客体的复杂性、价值的多样性导致政策执行方式多样性；政策执行的结果是多样的，政策执行主体的水平和方式不同，评价的标准不同，导致政策执行的结果多样性。政策执行目的性体现了公共性价值取向，但政策执行手段的多样性又体现了执行过程的价值选择，这些选择信息最终都将反馈给政策制定者，成为政策制定必须考量的因素。三是政策执行的直接现实性和实践性影响政策制定的价值取向。政策执行过程就是把文本性、抽象性政策转变为实践过程和资源配置的过程，因此具有直接性和现实性。政策执行的实践性是政策制定者必须重点思考的问题之一，而这种实践的结果也将成为政策制定者修订政策的最直接原因。四是政策执行的灵活性对政策制定的影响。一般来说，抽象的政策具有一定程度的模糊性，政策执行过程中面临政策边界确认和政策环境与实际情况判断等问题，最终导致政策执行的灵活性和不断调整实施的经常性特点。政策执行的灵活性和经常性，既体现了政策执行的特点，也间接反映了政策制定的特点。政策制定者会根据执行过程及时调整政策。总之，以上特点都会对政策制定的价值取向产生内生性影响。

政策实施的有效性是政策价值取向的影响因素。马兹曼尼安（Daniel A. Mazmanian）和萨巴蒂尔（Paul A. Sabatier）将影响政策有效执行的因素概括为三个方面（转引自张国庆，2007）[270]（见表5-1）。由表5-1可知，政策有效执行受多种因素影响，而政策执行的效果形成反馈信息，间接影响政策制定过程。

表5-1　马兹曼尼安和萨巴蒂尔总结的影响政策有效执行的因素

问题的难易程度	法令控制力	非法令性因素
1. 技术难度 2. 目标群体行为的差异性 3. 目标群体占人口总数的比例 4. 要求改变行为的程度	1. 目标的精确性和重要性 2. 因果理论的复合逻辑性 3. 财政资源的最初分配 4. 执行机构内部或执行机构之间的融合程度 5. 执行机构的决策规则 6. 政策执行官员对法令的认同程度 7. 外部人员的正式接触渠道	1. 社会经济状况和技术 2. 公众的支持 3. 追随者的态度和资源 4. 统治者的支持 5. 执行官员的献身精神和领导技能

资料来源：MAZMANIAN D A，SABATIER P A. Implementation of Public Policy：A Framework of Analysis [J]. Policy Studies Journal，1979-1980，8（4）：542.

政策执行对政策制定的影响是通过行政或政策执行的信息反馈系统实现的。在政策执行的研究过程中，学者们形成了很多政策执行的理论模型，都表现出一些共性：政策制定和政策执行都受各种外界环境因素影响；政策制定者和政策执行者自身的价值取向等因素影响政策制定和政策执行；政策执行效果等信息通过反馈方式影响政策执行

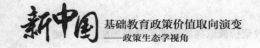
和政策制定（张国庆，2007）[278]。这些特征与第四章所构建的"基础教育政策价值取向多元统筹生态系统模型"具有共性。由此，本书建立了"教育政策制定和执行的生态系统分析模型"（见图5-2），用以分析政策制定和执行的各要素间相互影响的关系。

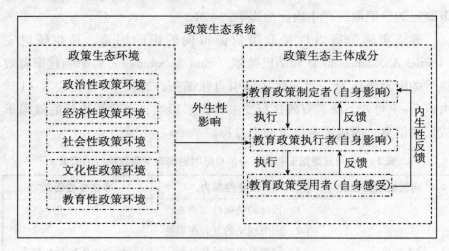

图5-2　教育政策制定和执行的生态系统分析模型

由图5-2可知，在教育政策制定过程中，政策制定者受到外界各种政策环境的外生性影响，同时也受到政策执行者和政策受用者的信息反馈影响，并受到自身因素影响，最终通过对价值冲突的整合平衡形成教育政策。在政策执行过程中，政策执行者主要受到自身价值取向影响，但同时也受到外界环境的政策因素的外生性影响，受到政策受用者的感受和内生性反馈影响，最终选择有效政策执行策略，努力提高政策执行有效性，并将政策执行效果反馈给政策执行者，形成政策制定—政策执行—政策反馈—政策修订的政策循环系统。

（三）基础教育政策受用者的内生性影响

基础教育政策的受用者主要指政策执行目的和过程要调节和影响的对象。基础教育政策的受用者主要包括学生、家长、学校和教师等。基础教育政策的受用者主要是人的个体或群体，因此他们对教育政策价值取向的反馈主要体现在他们对教育价值的认识上。

教育的价值是教育哲学的基础性核心问题。有不同的哲学观就有不同的教育价值论。但从最基本的方面而言，主要从社会需要或从人的发展来论述教育价值（黄济，2011）[414]。杜威在他的教育哲学中提出"内在价值"和"工具价值"的教育价值区分。所谓内在价值，主要是指一个事物本身的意义而言；所谓工具价值，就是指事物为要达到一定的目的所起的作用。实用主义教育哲学比较重视工具价值。马克思主义教育哲学则主要强调了教育促进人的全面发展和人的社会发展两个方面。教育的价值最终都体现在对人的培养上。教育的其他价值都是基于对人的培养这一价值基础。因此讨论价值问题必然要涉及人的价值。人的价值也是哲学的基础问题之一。本书第一章在以上研究基础上对教育价值进行了系统分类。

教育对人的价值，既有元价值，或杜威所说的内在价值，也有工具性价值和消费性价值。教育的元价值也是基于人的元价值而言的，"生命与生存价值"是人的元价值，那么，教育的元价值就是促进人的元价值发展的价值，也就是促进人的"生命的发展"，使人的生命得到全面的、协调的、持续的发展就是教育的元价值所在，我们也可以把教育的元价值称为基本教育性价值。这里"教育价值"与"教育性价值"的区别显而易见。教育价值包括了教育所能实现的所有价值形式。而教育性价值主要是指对人的元价值即生命价值的实现，是教育的基础价值，是纯粹的由教育带来的人的生命发展的价值。教育性价值是其他所有教育价值的基础。教育的工具性价值，体现在对人的生产劳动能力的培养和发展上。生产劳动是人的工具性价值，而教育是实现这一价值的基础性手段，因此，教育的工具性价值就是实现人的工具性价值的过程，即培养社会生产能力的价值。教育相对于人的消费性价值，是指教育对人的社会生活的实现价值。这其中体现了教育对人的思想观念（精神文化等）、社会性（政治性、社会组织等）地位、消费性（经济性）水平等方面的影响上的功能和价值。

在教育政策执行过程中，具体的政策受用者对教育价值的基本取向不同。从受教育者角度来看，他们更多的是享受教育的过程，追求教育对生命发展的提升和影响。因此受教育者更加看重教育的元价值。从家长角度看，他们在关注教育元价值以外，还关注教育的工具性价值和消费性价值。尤其在中国文化背景下，家长们常常把工具性价值和消费性价值作为重点关注的教育价值。学校和教师从理论上说，是应该把教育元价值，即教育促进人的生命的发展、生存能力的提高作为关注的第一教育价值。但在具体实施过程中，有的学校和教师也会脱离这个基础，把更多精力放在关注教育的工具性价值及其效果方面。

学生、家长、学校和教师的教育价值观，代表了教育政策受用者的教育价值取向，这种价值取向在政策执行中会产生价值冲突。如果政策价值取向适应了他们的教育价值观，那么他们就会支持政策实施。如果政策价值取向与他们的教育价值观有所冲突，他们就会反对或消极对抗，甚至想出应对策略，来反馈于政策执行，从而使教育政策的执行效果受到影响，教育政策有效性降低。在现实中，我们经常会见到这种情况，如在新中国基础教育发展历史中，国家曾多次强调要减轻学生课业负担，并颁布了相关文件，但在具体执行时，学校、教师和家长为了实现其关注的教育工具性价值和消费性价值，一直采取消极抵抗的对策，造成学生负担越减越重的尴尬局面。

总之，从基础教育政策主要成分看，政策制定者、政策执行者、政策受用者都会对基础教育政策制定过程产生影响，从而影响基础教育政策价值取向的形成。

三、政策生态系统运行对政策价值取向生成的影响

除了受以上政策生态系统的环境外生性影响和主要成分的内生性影响外，基础教育政策生态系统的自身运行也会对基础教育政策价值取向的形成产生影响，主要表现在以下三个方面。

（一）开放性程度制约外部环境中外生性价值取向影响

基础教育政策生态系统是一个开放系统，环境因素对基础教育政策制定过程和价值取向的选择有重要影响。基础教育政策生态系统所依赖的外部环境包括国家政治环境、经济环境、社会环境、文化环境和其他教育环境等。这些环境因素都会在特定历史时期形成自己独特的教育价值取向，这些价值取向通过政策生态系统的环境与系统主要成分信息交换的方式，影响着基础教育政策制定者的价值判断和选择。政策生态系统的开放程度主要表现为政策生态系统主要成分与外界环境要素信息交换的程度，具体表现为对政策生态环境中的政治性、经济性、社会性、文化性和教育性信息的接受程度。某种信息接受程度大时，这种信息传递的价值取向就会对政策制定产生主导作用。反之，就产生辅助作用或不产生作用。在具体的政策实践中，经常表现出某一种政策环境价值取向相对强势的现象。这时，基础教育政策价值取向的外生性影响就会表现为以单一价值取向为主，从而造成政策制定具有某种主导性价值取向。例如，社会主义改造和建设时期，政治性价值取向是教育政策外界环境中的主导性价值取向，于是基础教育政策制定过程中表现出政治性价值取向占主导地位的现象。改革开放后，国家总体政策强调了"以经济建设为中心"的经济性价值取向，于是经济性价值取向成为基础教育政策生态系统的主导性价值取向，通过信息传递影响着基础教育政策的制定。这一时期，基础教育政策表现为经济性价值取向和政治性价值取向共同主导。

有时基础教育政策生态系统外界环境和内部成分之间信息传递的非常规变化，也会带来基础教育政策生态系统的运行混乱，从而影响基础教育政策价值取向的选择。

（二）主体成分内部系统的信息传递情况影响内生性价值取向反馈

基础教育政策价值取向的内生性影响主要取决于政策生态系统主体成分内部信息的传递效果。一般来说，一个成熟运行的政策生态系统应建立信息反馈的机制。在政策执行过程中，政策制定者和执行者

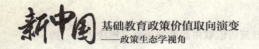
应建立政策执行效果的信息收集系统，并通过科学的信息分析，形成反馈意见，通过正常反馈渠道，逐级反馈到政策制定者。政策制定者在得到信息后，会经过科学的分析，调整或优化政策，使教育政策的实施效果更好。

在具体的政策活动中，有时并不能如此顺利地建立政策执行情况反馈系统。这一方面取决于政策制定者和政策执行者自身的态度，即是否愿意接受政策执行反馈；另一方面取决于政策制定者和政策执行者是否建立了有效的信息反馈渠道，是否能收集到真实的政策执行情况。如教育系统提出的"以阶级斗争为纲"政策是政策制定者只关注了教育政策生态系统外界环境要素影响，没有关注教育政策生态系统内部成分的信息反馈，造成教育发展过度政治化。有时，教育政策制定者虽然能够得到教育政策执行信息反馈，但却失去了政策的调整调节功能，也会造成政策信息传递失灵，影响教育政策的制定。

（三）政策制定者信息判断机制和能力影响政策价值取向生成

政策制定者的信息来源是多元的。有的信息来源于政策生态系统外界环境，有的来源于政策生态系统内部，在多元信息和多元价值取向的作用下，政策制定者如何选择信息、加工信息就成为影响政策制定和政策价值取向的另一重要因素。在新中国基础教育政策的制定过程中，随着国家政治生态系统的不断完善，基础教育政策生态系统也逐步进入完善阶段。比较典型的政策制定过程是《国家中长期教育改革和发展规划纲要（2010—2020 年)》的制定。为了制定此政策，国家组建了专门的调研工作组，启动了系统的调查研究工作，使教育政策生态系统内外信息都得到广泛收集与有效分析。教育部办公厅为此专门制定了《关于开展〈国家中长期教育改革和发展规划纲要〉制定工作的调研并提出建议的通知》，对政策制定的科学程序提出了具体要求。在政策制定过程中，教育部牵头组成了 11 个重大战略专题和 36 个子课题调研组，通过科学研究的方法，"问需于民、问政于民、问策于民"，建立了政策生态系统内生性影响的有效反馈渠道。此外，在政策初步形成后，国务院领导和教育部多次召开各方面座谈会听取意见，对政策做进一步修改，形成了政策制定的信息反馈程序。2010 年，经过两年多的调研准备，《国家中长期教育改革和发展规划纲要（2010—2020 年）》正式颁布。

试验运行与信息反馈，也是影响政策制定的重要因素之一。2010年国家颁布《教育规划纲要》后，为了使政策执行更加符合实际情况，启动了政策改革试点工作。国家成立了 20 个部门组成的教育体制改革领导小组，统筹协调教育改革和发展的重大方针政策和政策措施，研究部署、指导实施教育体制改革工作，各单位各部门分工负责，建立了发展教育的政策支持系统（中国教育年鉴编辑部，2012）[7,21]。

综上所述，新中国基础教育政策价值取向的影响因素包括外生性的生态系统环境因素、内生性的生态系统主要成分因素以及政策生态系统运行情况因素等。在这些因素的共同作用下，伴随国家政治生态系统的不断完善，形成了完善的基础教育政策生态系统运行机制和相对科学规范的政策制定机制。

■ 第二节　政策价值取向的形成机制

基础教育政策价值取向的影响因素在政策生态系统中的作用机制就是政策价值取向的形成机制，主要包括：价值竞争机制、价值选择机制和价值平衡机制。价值选择机制是基础教育政策形成的基本机制，价值竞争机制是价值选择的过程机制，价值平衡机制是政策价值取向形成的结果机制。三种机制的运行可以借鉴并迁移自然生态系统生态学和生物进化论的基本原理进行分析，即自然选择机制、生存竞争机制和生态平衡机制。

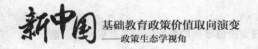

一、基础教育政策价值取向形成的价值竞争机制

(一) 自然生态系统的生存竞争学说

根据达尔文的进化论，自然生态系统存在着生存竞争的机制，生存竞争是生物进化的动力（李难，1990）[370]。生存竞争（competition for existence）即生存斗争，主要指的是生物跟周围环境中的其他个体相互竞争以维持生存和繁衍后代的自然现象。生存竞争学说是达尔文自然选择进化理论的一个组成部分。生存竞争的要点，一是生物与环境发生的关系，这种关系包括一个个体和同种其他个体斗争，或者和异种的个体斗争，或者和生活的物理条件斗争；二是生存竞争产生的重要原因是生物的高生殖力，一切生物都有高速率增加的倾向，但地球上的食物和空间都有限，这必然引起斗争；三是生存竞争在同种个体间最为激烈，由于同种个体对食物和空间等生活条件的要求最相似，而生存环境资源又有限，因此其斗争的激烈程度超过异种个体；四是生存竞争的结果是适者生存，不适者淘汰，适者不仅获得生存的机会，还能繁殖其类。

生存竞争学说是生态系统中的必然机制，是生态系统理论的组成部分。基础教育政策生态系统中，也存在着竞争机制。这种竞争机制主要体现在各种基础教育政策价值取向的相互竞争方面。

(二) 基础教育政策生态系统的价值竞争机制

根据自然生态系统中的生存竞争学说，基础教育政策生态系统中的价值竞争学说，可以从以下几方面分析。

基础教育政策生态系统中的价值竞争机制的动因是资源配置和利益驱动。价值竞争机制的根本动因来自于政策的基本功能。政策的基本功能之一是通过强制性配置公共资源，达到政策主体的目标。因此，基础教育政策的制定涉及对基础教育资源的配置，涉及对政策客体、政策受用者相关利益的再分配。因此，基础教育政策的相关作用主体和客体都会对基础教育政策所带来的利益分配进行价值分析，并在此基础上形成自己的价值取向。这些价值取向必然有相对冲突，当这些价值取向集中到政策制定者时，就形成了价值竞争的情况。

基础教育政策生态系统的价值竞争机制的另一原因是教育资源有限。基础教育政策所配置的教育资源包括：权利资源、机会资源、经费资源、空间资源、时间资源、教师资源等。这些资源对于政策制定者、执行者和受用者来说都是非常重要的资源。但其中最为重要的资源是时间资源。因为受教育者接受教育的时间是有限的，机会只有一次，"教育不可以重来"，基础教育的资源配置就受到所有政策客体的高度关注。他们各自的价值取向在政策制定过程中形成强烈冲突，影响政策的制定和基础教育政策价值取向的形成。

基础教育政策生态系统的价值竞争机制受生态系统成分的"生态位"影响。生态位（ecological niche）是生态系统生态学的专有名词，主要指生物群落中，每个物种生活在周围环境的一个特殊部分里，并在和群落中的其他物种的联系中起着特殊作用。物种所要求的生活环境和它的生活习性、行为特征以及与外界的关系等几个方面的综合境况称为生态位。在具体分析上，生态系统中的生态位可以分为营养生态位和空间生态位（李难，1990）[372]。在基础教育政策生态系统中，也存在着"政策生态位"。政策制定者、政策执行者和政策受用者分别处于不同的政策生态位，因此他们所形成的基础教育政策价值取向不同。这种不同的基础教育政策价值取向会形成反馈意见，在价值竞争过程中影响政策价值取向。

基础教育政策生态系统的价值竞争具有可调和性。基础教育政策生态系统的成分和环境间的价值竞争，不同于自然生态系统的生存竞争。前者在一定情况下，经过统筹协调，可以实现价值共赢，实现价值竞争的调和，具体表现为政策生态环境外生性因素与政策制定者、政策执行者、政策受用者的价值取向相对统一，即国家、集体、个人三者利益的统一。基础教育政策生态系统价值竞争的可调和性是政策

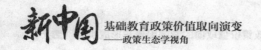

价值平衡的基础。

基础教育政策生态系统的价值竞争的结果是形成主导性基础教育政策价值取向。基础教育政策生态系统的成分和环境因素间形成的政策价值竞争，最终由政策制定者判断利弊，判断可操作性和实效性，确定一种或两种价值为主导性价值取向，并以此主导基础教育政策的制定。

（三）价值竞争相关理论和研究案例

本研究提出政策价值竞争理论之前，也有人提出过类似的理论。伊恩那考恩研究指出：政策存在于充满价值积淀的公共信念之中。据此，他提出了教育政策形成的"竞争价值理论"，在此基础上，他对美国教育政策的价值竞争进行了分析（转引自福勒，2007）[300]。他认为美国教育政策受公共价值影响，主要表现为三大类价值：一般社会价值（秩序和个人主义）、民主价值（自由、平等和博爱）和经济价值（效率、经济增长和质量）。所有这些价值都是影响美国教育政策的因素，并存在于美国教育政策之中。竞争价值理论认为，在任何特定的历史阶段，只有两三种价值占据支配地位，不同具体价值的倡导者会相互竞争，努力使自己偏爱的价值攀上价值系列的顶端。一旦一种价值成为教育政策中的最好支配价值，它就会保持相当一段时间。这种情形形成了美国历史上价值的周期性变动。伊恩那考恩研究发现这种波动周期大约为40年。

"竞争价值机制"从一个侧面支持了本研究提出的在政策生态系统中体现的"价值竞争机制"。这对进一步完善新中国基础教育政策价值取向的形成机制提供了理论和实践的证据。

二、基础教育政策价值取向形成的价值选择机制

（一）自然生态系统中的自然选择学说

自然选择学说是达尔文进化论的核心理论，也是现代达尔文主义

的主要依据。达尔文认为，自然选择即最适者生存，它是指适应于环境条件（包括食物、生存空间、风土气候等）的生物被保留下来，不适合者被淘汰的现象。自然选择是在生存竞争中实现的，它通过微小的有利变异的积累而促进生物进化。由于人类历史是瞬息间的事，因此一般只能看到选择的结果，而觉察不到这一缓慢的变化过程（达尔文，1972)[56]。现代达尔文主义者在自然选择学说的研究过程中更加关注遗传因素的选择。因此，自然选择从生态系统角度看，反映的是环境对生物种群的选择；从遗传角度看，反映的是环境对基因突变的选择。自然选择是一种被动的选择，选择的主体是生物生存所依赖的环境，体现了环境对生物及生态系统发展和进化的影响机制。

（二）　基础教育政策生态系统中的价值选择机制

基础教育政策生态系统也存在着选择机制，主要体现在对政策价值取向的选择上。基础教育政策生态系统价值选择是建立在价值竞争基础上的。在政策主体和客体进行价值竞争的过程中，政策主体对政策生态系统环境因素的价值取向和生态系统成分价值取向进行选择，最终确定政策制定的主导性价值取向。基础教育政策生态系统价值选择理论在具体表现特征和机制上与自然生态系统的自然选择机制和特征有很大不同，具体表现为以下特点。

基础教育政策生态系统价值选择的主体是政策制定者。由于基础教育政策生态系统的主要功能是基础教育政策的制定和执行。因此，基础教育政策价值选择的主体主要是政策制定者。政策制定者作为价值选择的主体，对从外界环境和内部成分反馈的价值取向进行分析，最终做出选择，用于指导政策制定。所以，政策制定者的价值选择能力关系着基础教育政策的执行效果。

基础教育政策生态系统价值选择的结果是主导性价值取向占主要地位，其他价值取向为辅助地位，一般不会出现价值淘汰现象。在自然生态系统中自然选择的结果是适者生存，不适者淘汰。但在基础教育政策生态系统中，由于各种教育政策价值取向的相关性，因此不论

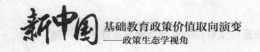
哪种教育政策价值取向被选择成为主导性价值取向，其他的价值取向都会与其有所相关，因此不会被淘汰，只是处于辅助地位。

基础教育政策生态系统价值选择中，政策生态环境中的政治性因素往往起控制作用，因此政治性价值取向是政策主体价值选择的根本性价值取向，很多时候它最终被选择成为主导性价值取向，有时也和其他价值取向共同作为主导性价值取向。随着社会发展和人们对教育价值结构的深入认识，教育性价值取向被逐步提升为主导性价值取向。此时虽然政治性价值取向表现为辅助的价值取向，但政治性价值取向依然是根本性价值取向，只不过处于相对隐性状态而已。

基础教育政策生态系统的价值选择不仅存在于政策制定的过程中，也存在于政策执行的过程中。在基础教育政策执行的过程中，由于政策执行者和政策受用者都具有其自身的教育价值取向，所以也表现出政策执行的价值选择。这种价值选择对政策执行会产生重要作用，如果它与政策价值取向一致，就会有效落实政策，实现政策既定价值目标；如果与政策价值取向不一致，就会消极应对政策执行，造成政策执行效果减弱，甚至产生负面的政策效果。因此在具体政策执行过程中，往往政策制定者会组织专业专门的监督团队，深入执行过程，督导检查政策执行者和政策执行效果。

三、基础教育政策价值取向形成的价值平衡机制

价值竞争和价值选择带来的是价值冲突，这种冲突在政策制定和实施过程中都会经常存在，如果价值冲突得不到解决，那么基础教育政策的制定和执行都不会顺利进行。在政策生态系统中，还存在着另一种机制，这就是价值平衡机制。价值平衡机制是政策能够顺利制定和执行的重要保障性机制。

（一）自然生态系统中的生态平衡机制

自然生态系统的发展由生态系统中物质、能量和信息交换维持。

生态系统的物质运动遵循物质运动的一般规律，是运动与平衡的统一。生态系统是开放的，物质和能量在不断地输入和输出。一般情况下，能量和物质的输入大于输出，生物量增加；反之生物量减小。如果输入和输出在较长时间趋于相等，那么生态系统的结构和功能就会长期处于稳定状态。此外，在外来干扰下，生态系统在暂时的结构变化中，能通过自我调节（或人为控制）恢复到原本的稳定状态。生态系统的这种状态叫作生态系统的平衡，即生态平衡理论。生态平衡是动态的、相对的。生态系统具有复杂的反馈机能和循环机能，形成了生态系统的自动调节和维持自身稳定的功能。生态系统的自动调节能力是有限的，当外界对生态系统的影响程度超越生态系统的自动调节能力，就会导致生态系统的破坏。

综上所述，自然生态系统的生态平衡机制有以下特点：一是生态系统的发展总是在生态平衡、不平衡和再平衡的动态中发展的，生态平衡是生态系统发展的阶段性特征，表现为生态系统成分的稳定性。二是生态平衡是生态系统自动调节功能的结果，生态系统自动调节功能是建立在生态系统复杂的反馈机制基础上的。三是生态系统的自动调节能力是有限的，当环境压力或人为压力超越生态系统自动调节能力，生态平衡就会被打破，一种发展方向是建立新的生态平衡系统，另一种后果是生态系统崩溃。

（二）基础教育政策生态系统中的价值平衡机制

在基础教育政策生态系统中也存在着一种平衡，这就是价值平衡。一种基础教育政策在政策生态系统中能够形成并稳定执行，其重要原因是政策制定者和政策执行者及政策受用者的价值取向形成了价值平衡。

基础教育政策生态系统的价值平衡主要有四个形成原因：一是基础教育政策价值冲突和价值选择是基础教育政策价值平衡的动因；二是基础教育政策生态系统的开放性信息交换是政策价值平衡的外生性压力；三是基础教育政策生态系统的内生性信息反馈机制是价值平衡

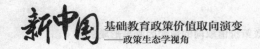

的内部动力；四是各种基础教育政策价值取向的相互联系与融合是政策价值平衡的基础。

从本质上说，政策制定是价值平衡的过程。基础教育政策的形成是基础教育政策制定者就某一政策问题对多方面、多种价值取向的平衡结果。政策制定者作为政策主体，在教育政策制定过程中，会围绕某一政策问题进行政策研究。这一过程中，政策主体会收集到来自政策生态系统环境因素的政策价值取向信息，也会收集到来自政策生态系统内部主要成分的政策价值取向信息。这些政策价值取向信息往往是相互冲突的，这就形成了价值竞争的状态，于是政策制定者开始启动价值选择机制。在价值选择过程中，政策制定者需要综合考虑各方面的利益和价值需求，最终通过平衡各种价值取向，形成主导性价值取向，作为政策制定的主要价值依据，同时还要兼顾其他的价值取向。这就是基础教育政策制定过程的价值平衡机制。在价值平衡的基础上，基础教育政策既体现政策的主导性价值取向，又体现各种辅助性价值取向。基础教育政策在价值平衡中完成制定的程序。

基础教育政策执行过程也需要进行价值平衡。一旦某种基础教育政策进入执行阶段，政策执行系统就会运行，政策执行者在执行基础教育政策时首先要进行政策价值判断，从而了解政策的价值取向，并在此基础上进行政策执行分析。此时，政策执行者会考虑到自身的价值取向、政策受用者的价值取向以及当地或本部门政策环境的影响因素、价值取向和政策基础。在综合分析判断的基础上，政策执行者会形成对政策价值取向的态度。这种态度是建立在政策执行者价值平衡的基础上的，并依此确定执行政策的有效路径，制定政策实施方案。在政策执行的价值平衡过程中，如果政策执行者的价值取向与政策价值取向一致，政策执行方案就会更加有效，反之就会有政策效能损失。在实际执行过程中，受政策执行者的水平和位置影响，政策执行者的价值取向，以及政策执行者收集的相关政策价值取向，往往与政策执行者确定的主导性政策价值取向有一定冲突，此时政策执行者往往会平衡各方的价值取向，选择相对有效的路径执行政策，兼顾各方的价值需求。

基础教育政策生态系统的价值平衡与政治生态系统的平衡有着紧密联系。基础教育政策生态系统的价值平衡是建立在生态系统自身平衡的基础上的，基础教育政策生态系统的平衡也与整个国家的政治生态系统的平衡有着紧密联系。

价值平衡是基础教育政策生态系统中各成分价值取向相互包容，以及基础教育政策各种价值取向相互交融的结果。基础教育政策价值取向表现为多元性特征。从新中国基础教育政策价值取向的类型看，主要包括政治性价值取向、经济性价值取向、社会性价值取向、文化性价值取向和教育性价值取向；从政策价值取向在政策制定中的作用看，可分为根本性价值取向、主导性价值取向、辅助性价值取向和基础性价值取向；从政策价值取向的哲学基础分析，可分为元价值取向（内在价值）、工具性价值取向和消费性价值取向；从教育政策价值取向与人的价值系统比较看，又可分为生命发展的价值取向、培养社会生产能力的价值取向、社会生活价值实现的价值取向。基础教育政策形成过程中面临的这些价值取向既有冲突也有联系，它们之间是对立统一、相辅相成的关系，这种联系就成为政策制定者和政策执行者实现价值平衡的基础。在基础教育政策价值体系中，各种价值都可能成为主导性价值。由于政策是政府主导制定的，具有政治性、阶级性，因此政治性价值取向是基础教育政策的根本性价值取向，体现统治阶级意志；而教育性价值取向是基础教育政策必然要体现的基础性价值取向，如果没有对教育性价值的实现，也就无法实现其他价值。基础教育政策价值取向的关联性和融合性是基础教育政策价值平衡的基础性因素。

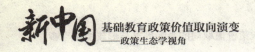

■ 第三节　政策价值取向演变的生态系统分析

一、新中国成立初期恢复国民经济和社会主义改造阶段

（一）政策生态系统结构类型和特征

新中国成立初期，恢复国民经济和社会主义改造阶段，基础教育政策生态系统处于由新民主主义教育生态系统向社会主义教育生态系统的转型期，属于初级转型期过渡型政策生态系统。其主要特征是：基础教育受教育权及教育权等政治性秩序不均衡，处于逐步完善的过程；基础教育内容系统也处于完善过程；基础教育政策一方面表现为"维护"新民主主义基础教育政策中适应社会主义制度的部分，另一方面也表现为"回应"那些不适应社会主义制度的基础教育政策；基础教育"回应"性政策多于"维护"性政策。因此，政策生态系统信息交换过程体现为外部环境因素对教育政策生态系统的影响大于基础教育政策生态系统成分的内生性影响。

（二）政策生态系统环境对基础教育政策价值取向的影响

新中国成立初期，国家各项事业发展都依据 1949 年 9 月 30 日通过的《中国人民政治协商会议共同纲领》实施。基础教育的各项政策也都是在《共同纲领》的指导下制定。《共同纲领》提出的关于文化和教育事业发展的"阶级性"、"工具性"价值取向，也成为这一历史阶段基础教育政策的主导价值取向，体现了政治性价值取向。在具体教育政策上，国家关注了让更多劳动人民子女接受教育的目标，这体现了这一时期基础教育政策生态系统外生性因素对教育社会性价值的关注。此外，通过教育的方式，培养高素质劳动者，也是这个阶段的国家教育目标，体现了对教育经济性价值取向的关注。这些价值取向最终都通过基础教育生态系统外生性影响方式传递到政策制定者，从而影响基础教育政策价值取向的形成。

（三）政策生态系统内部成分对基础教育政策价值取向的影响

社会主义改造阶段，基础教育是在旧中国基础教育的根基上建立起来的，社会主义改造就是要改造旧中国的半殖民地半封建教育。旧中国的基础教育生态系统主要成分有以下特点：一是基础教育普及率非常低。旧中国 80% 以上的人是文盲，农村中文盲比重更大。全国学龄儿童入学率通常在 20% 左右。二是基础教育不平等现象严重。工农子女接受中等以上教育的极少。中学大都分布于县城以上城镇。学校类型多元，农村主要是封建社会的私塾教育，城镇中私立学校、接受外国津贴的学校及教会学校占有很大比例。据 1946 年国民党政府教育部统计，中等学校在校学生共 179.8 万人，小学在校学生共 2285.8 万人。按当时全国 4.7 亿人口计算，平均每万人中有中等学校学生 38人，小学学生 486 人（中国教育年鉴编辑部，1984）[78]。

新中国成立后，基础教育政策生态系统的成分发生变化，主要体现在人民当家做主，人民政府取代国民党政府进行教育管理。因此，基础教育政策的制定者是共产党领导下的人民政府，政策执行者是各级地方人民政府，基础教育政策受用者是广大人民群众和各类办学机构。根据旧中国教育发展的基本情况，教育政策制定者、执行者和受用者所反馈的主要基础教育价值取向是：保障人民群众平等接受基础教育的受教育权；增加公立学校数量，满足人民群众接受基础教育的需求；统一学制，统一教育内容，实施平等的基础教育等。这些基本的基础教育需求，体现了教育的社会性价值取向和政治性价值取向。这些价值取向与新中国党和政府的基础教育价值取向基本吻合。因此，新中国成立之初，基础教育相关政策顺利出台，并有效实施，在较短时间内完成了基础教育的社会主义改造，使广大人民群众子弟能够接受平等的基础教育。经过努力，到 1957 年，小学在校学生达 6428.3 万

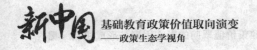

人，学龄儿童入学率达到61.7%（中国教育年鉴编辑部，1984）[148]。

（四）政策价值取向的最终形成机制及其表现

社会主义改造阶段是两种社会制度的转型阶段，社会各种价值取向多元冲突。但由于新中国人民政府第一时间明确了国家的基本政治制度，同时国家主流价值取向又代表了广大人民群众和绝大部分社会阶层的利益，因此得到了人民的拥护。新中国成立初期的这种政治环境为基础教育政策生态系统营造了相对稳定的发展环境。在基础教育政策的制定过程中，政治性价值取向在多种价值竞争中占主导地位，为其他社会性、经济性和教育性价值取向的选择和价值平衡奠定了基础。新中国第一任教育部部长马叙伦在第一次全国教育工作会议上对新中国成立初期教育政策价值取向进行了明确表述。他指出："中国的旧教育是帝国主义、封建主义和官僚资本主义统治下的产物，是旧政治旧经济的一种反映，和旧政治旧经济借以持续的一种工具。……替代这种旧教育的应该是作为反映新的政治经济的新教育，作为巩固与发展人民民主专政的一种斗争工具的新教育。这种新教育就是新民主主义的，即民族的、科学的、大众的教育。"（中国教育年鉴编辑部，1984）[683]在这种新民主主义的政治性价值取向的指引下，基础教育政策融合了政治性价值取向和经济性、社会性、文化性及教育性价值取向，形成了新的基础教育政策价值平衡体系，使基础教育各项政策得以顺利制定和有效实施。

二、社会主义建设积极探索阶段

（一）政策生态系统结构类型和特征

社会主义建设积极探索阶段，虽然社会主义基础教育政策生态系统初步建成，但正处于政策生态系统发展完善过程中，因此也属于初级转型期过渡型政策生态系统。其主要特征是：社会主义基础教育政策生态系统在积极探索中发展完善；基础教育政策生态系统一方面

"维护"现有的社会主义基础教育政策，另一方面开始"回应"符合社会主义发展规律的新的基础教育政策；基础教育"回应"性政策多于"维护"性政策。政策生态系统信息交换过程体现为外部环境因素对教育政策生态系统的影响大于基础教育政策生态系统成分的内生性影响。

（二）政策生态系统环境对基础教育政策价值取向的影响

这一阶段，基础教育政策生态系统外生性影响主要体现在"以阶级斗争为纲"的政治性价值取向方面。1956 年，社会主义改造基本完成，进入社会主义建设积极探索阶段，国家各项事业进入一个相对快速发展时期。从 1957 年 10 月党的八届三中全会，到 1962 年党的八届十中全会，"以阶级斗争为纲"的思想逐渐形成，并影响到教育事业发展。1958 年 9 月 19 日发布的《中共中央、国务院关于教育工作的指示》，在总结新中国成立九年来教育工作成绩的基础上，进一步明确了教育方针和教育工作的改革重点。"以阶级斗争为纲"的政治性价值取向也成为这一阶段基础教育的主导性价值取向。

其他辅助的外生性教育价值取向也对教育政策形成产生了外生性影响，如国家提出了"教育要与生产劳动相结合"的原则，体现了经济性价值取向和教育性价值取向；"促进德育、智育、体育几方面都得到发展"的方针，也体现了教育性价值取向。这些外生性价值取向通过政策生态系统的信息传递，影响着基础教育政策的制定。

（三）政策生态系统内部成分对基础教育政策价值取向的影响

社会主义建设积极探索阶段，国家已经基本确立了社会主义制度，基础教育管理体制形成了中央集权和地方分权相结合的有效管理制度。1958 年 8 月，中共中央、国务院发布了《关于教育事业管理权问题的规定》，指出：为了充分地发挥各省、市、自治区举办教育事业的主动性和积极性，并加强协作区的工作，实行全党、全民办学，改变过去条条为主的管理体制，根据中央集权和地方分权相结合的原则，加强地方对教育事业的领导管理。这份文件中确定："今后教育部和中央主

管部门，应该集中精力研究和贯彻执行中央的教育工作方针和政策，综合平衡全国教育事业发展规划。"这一文件，进一步明确了基础教育政策生态系统的主要成分定位和职责。由于地方基础教育管理权的扩大，调动了地方的积极性，在基础教育政策制定和执行过程中，地方教育行政部门的意见可以更直接地反映给政策制定者，同时地方在基础教育政策执行过程中，也能因地制宜做好政策执行的调整，使政策更适应当地的发展情况。这一时期，基础教育生态系统内部成分所反映出的主要政策价值取向，依然是对基础教育普及性的需求，以及毕业生继续升学接受中等教育和高等教育的需求。为此，国家在政策制定过程中努力扩大教育投入，增加各级各类教育供给，一定程度上满足了人民群众的教育需求。1959年国家提出了"调整、巩固、充实、提高"的方针，逐步稳定地方教育发展步骤。总之，社会主义建设积极探索阶段，基础教育政策生态系统内部成分体现了社会性、经济性和教育性的价值取向，对基础教育政策制定起到一定影响作用。

（四）政策价值取向的最终形成机制及其表现

社会主义建设积极探索阶段，国家社会主义基本制度初步建立，基础教育政策生态系统基本稳定运行。此时，国家基础教育政策体系尚在完善过程中。政策生态系统环境因素和内部成分反馈信息之间的价值竞争开始显现，政策制定者的价值选择和价值平衡压力逐步增大。由于国家政治性价值取向依然是基础教育政策生态系统的主导性外生性价值取向，因此基础教育政策制定的政治性价值依然处于突出位置。在坚持政治性价值取向的基础上，政策制定者和政策执行者还努力兼顾和平衡"社会性"、"教育性"及"经济性"价值取向，从而促进了教育政策的有效实施。这一时期，教育系统"以阶级斗争为纲"等教育极端政策的形成，都是基础教育政策生态系统外部环境政治性价值取向主导作用的结果。在具体实施过程中，基础教育政策生态系统内部成分对这些政策进行了加强和扩大，也是政治性价值取向作用的结果。

三、改革开放初期

（一）政策生态系统结构类型和特征

1978 年 12 月，十一届三中全会召开，国家进入改革开放初期，基础教育政策生态系统再次进入转型期过渡型阶段，属于初级转型期过渡型政策生态系统。其主要特征是：基础教育政策生态系统从"文化大革命"时期极度混乱的非常规型政策生态系统，逐步恢复过渡到社会主义基础教育政策生态系统；基础教育政策生态系统在"维护"部分适应社会主义基础教育需求的政策外，重点"回应"相关基础教育政策问题，处于不断完善基础教育政策生态过程。到 1985 年，基本符合社会主义基础教育一般规律的教育生态系统初步形成。该阶段基础教育政策生态系统的信息传递基本恢复政策的交流机制，外部环境的外生性影响与内部信息反馈的内生性影响并存，但由于基础教育政策生态系统遭受的破坏主要是由于政治性价值取向的外生性影响造成的，因此该阶段基础教育政策回应性信息的来源主要体现了环境的外生性影响。

（二）政策生态系统外部环境对基础教育政策价值取向的影响

进入改革开放初期，基础教育政策生态系统逐步恢复。由于"文化大革命"中，给教育生态系统带来严重影响的是系统外部政治环境，要恢复基础教育生态系统的运行，还必须改善外部政治环境。1978 年 12 月十一届三中全会召开，1981 年 6 月 27 日十一届六中全会一致通过《中国共产党中央委员会关于建国以来党的若干历史问题的决议》，从根本上为恢复教育和广大教育工作者的名誉和地位奠定了政治环境基础。从此基础教育政策生态系统逐步恢复到正常状态。生态系统的信息传递也进入正常的阶段，从而为基础教育政策制定奠定了生态系统良性循环的基础。

这个阶段，基础教育政策生态系统内部成分主要是被动地完成政

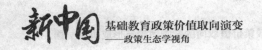
策执行任务，有关政策的信息反馈等功能还处于恢复期。邓小平1977年提出要"尊重知识、尊重人才"，这对我国各条战线的拨乱反正起到重大作用。在这种努力下，1979年3月，中共中央转发了教育部《关于建议中央撤销两个文件的报告》，即撤销1971年8月13日中央批转的《全国教育工作会议纪要》和1974年1月31日中央转发的《河南省唐河县马振抚公社中学情况简报》，从根本上移除了"两座大山"，恢复了基础教育政策生态。

（三）政策价值取向的最终形成机制及其表现

改革开放初期，基础教育政策制定过程恢复了政策生态系统的基本价值选择功能。基础教育政策生态系统外部环境价值取向和内部成分的价值取向通过价值竞争机制，实现价值选择和价值平衡的目标。此时基础教育政策生态系统结构虽然基本恢复，但运行功能尚不完善，政策生态系统外部环境带来的系统破坏，还需依靠恢复政策环境来解决。政治性价值取向给教育带来的破坏，依然还是需要基础教育政策环境来纠正。因此，政治性价值取向依然是主导性价值取向，但是建立在恢复基础教育政策生态系统的目标基础上的。在基本恢复基础教育政策生态后，基础教育政策的其他价值取向也逐步回归，基础教育政策价值平衡的趋势正在形成。

四、教育体制改革初步探索和与社会主义市场经济体制相适应阶段

（一）政策生态系统结构类型和特征

在这两个历史阶段中，基础教育政策在"维护"社会主义基本政策系统的基础上，开始"回应"以社会主义市场经济为特征的经济性政策价值取向带来的发展问题，中国特色社会主义基础教育政策体系开始逐步建立。基础教育政策生态系统继续处于转型期过渡型政策生态系统状态，属于中级转型期过渡型政策生态系统。其主要特征是：基础教育政策处于同一种社会形态的过渡发展过程中，政策环境相对

稳定；基础教育政策生态系统在一定基础上完善发展；基础教育"回应"性政策和"维护"性政策比例相当；从政策生态系统的信息传递看，生态系统环境的外生性影响与生态系统内部成分反馈的内生性信息影响比例相当。

（二）政策生态系统环境对政策价值取向的影响

教育体制改革初步探索阶段和与社会主义市场经济体制相适应阶段，基础教育政策生态系统环境因素不断优化。通过教育体制改革，基础教育政策体系不断完善。中共中央于 1985 年 5 月召开改革开放后第一次全国教育工作会议，出台了《中共中央关于教育体制改革的决定》。这一文件体现了经济性和教育性价值取向开始主导教育事业的改革发展方向。1992 年以邓小平"南方谈话"和党的十四大召开为标志，国家教育事业发展进入建立与社会主义市场经济体制相适应的教育体制历史阶段。十四大确立了"教育优先发展的战略地位"，1993年 11 月，中国共产党第十四届中央委员会第三次全体会议通过《中共中央关于建立社会主义市场经济体制若干问题的决定》，进一步明确了社会主义市场经济体制的理论和政策。1993 年《中国教育改革和发展纲要》发布，成为指导这一阶段教育事业发展的纲领性政策。这一时期基础教育政策生态系统的外部环境主要体现经济性价值取向。因此，经济性价值取向和教育性价值取向为主导的外生性影响，是这一时期基础教育政策价值取向形成的主要因素。同时政治性价值取向推动了经济性和教育性价值取向的落实。

（三）政策生态系统内部成分对基础教育政策价值取向的影响

教育体制改革初步探索和建立与社会主义市场经济体制相适应的教育体制阶段，国家基础教育政策生态系统进一步完善，结构和功能进一步健全。由于社会主义教育法律体系的基本建立，基础教育政策生态系统内部成分基本功能得以正常运行。基础教育政策执行者和受用者的合理教育诉求和价值取向都能有效反馈给基础教育政策制定者，因此基础教育政策更加关注基层政策执行和政策受用者利益的实现与

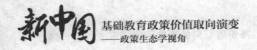

问题的解决。

这一阶段，基础教育政策生态系统内部成分对教育的价值需求也逐步提高。从政策受用者角度看，在基本满足受教育权益后，人民群众对高质量教育的要求越来越强烈；对完成基础教育后接受高等教育的需求也越来越强烈；在社会主义市场经济背景下，人们对受教育结果的功利性要求越来越高。从教育组织角度看，在学校的基本条件得到满足的基础上，我国努力探索通过市场途径增加教育经费，提高学校办学条件水平，办学单位的经济性价值取向随社会主义市场经济体制改革的深入而加强。从教育政策执行者角度看，面向社会主义市场经济，教育政策执行的经济性价值取向逐步显现。办学体制等方面的探索活动开始出现。与此同时，提高学校品质、打造学校品牌和特色的市场性运作方式也渗透到教育领域。这种由教育政策生态系统内部成分所反馈的经济性价值取向成为内生性价值取向，影响着教育政策的制定。

（四）政策价值取向的最终形成机制及其表现

教育体制改革初步探索和建立与社会主义市场经济体制相适应的教育体制阶段，基础教育政策生态系统保持了稳定的运行状态。政策生态系统的价值竞争、价值选择和价值平衡机制有效运行，为基础教育政策的制定和执行奠定了较好的政策生态基础。在政策制定过程中，政策制定者既关注教育生态系统环境因素的外生性价值取向，也关注教育生态系统内部成分所反馈的内生性价值取向，在综合平衡各种价值取向的基础上，形成基础教育政策的主导性价值取向，并在此基础上平衡兼顾其他的价值取向，形成基础教育政策价值取向的平衡机制，为政策制定奠定价值基础。

在这种良性的政策生态系统运行基础上，国家出台了一系列基础教育政策，中国特色社会主义基础教育政策体系初步形成。尤其是在经济性价值取向的主导下，在政治性和社会性价值取向的辅助下，国家确定了"教育优先发展的战略地位"，确立了基础教育基础性、先导性、全局性的地位，保证了教育经费的投入。此外，在教育性价值取向的主导下，基础教育政策进一步关注儿童、青少年全面发展、健康发展、生动活泼主动发展和持续发展，形成了"素质教育"的战略主题，为基础教育内涵发展指明了方向。这些基础教育政策对国家基础教育发展产生了深远影响。

五、全面实施素质教育和向教育强国迈进阶段

（一）政策生态系统结构类型和特征

进入新世纪，基础教育发展进入全面实施素质教育、推进教育内涵发展阶段，以及从教育大国向教育强国迈进阶段，国家基础教育政策生态系统处于高级转型期过渡型政策生态系统状态。主要特征是：基础教育政策处于同一种社会形态发展的相对稳定阶段；基础教育政策生态系统在相对完善的政策基础上进一步发展；基础教育"回应"性政策少于"维护"性政策。这两个历史阶段中，基础教育政策体系基本形成，基础教育运行制度相对规范，但由于社会整体转型与发展的需要，以及人民群众对高水平基础教育服务的需要，基础教育政策生态系统中个别体制机制还需进一步完善和改良优化。这两个阶段基础教育政策生态系统的信息传递机制更加注重政策生态系统内生性反馈信息，关注政策受用者的价值取向和政策需求。

总之，国家基础教育政策生态系统处于高级转型期过渡型阶段，标志着国家基础教育政策生态系统即将进入常规型政策生态系统阶段。

（二）政策生态系统环境对基础教育政策价值取向的影响

这两个历史阶段，国家基础教育政策生态系统稳定运行，教育政策生态系统的外生性影响和内生性影响都能顺利传递。其中，基础教育政策生态系统环境因素的外生性影响依然对基础教育政策价值取向的形成起到重要作用。主要包括：1999 年 6 月，改革开放后第三次全国教育工作会议召开，出台了《中共中央国务院关于深化教育改革全

面推进素质教育的决定》；2002 年 11 月 8 日，江泽民在中国共产党第十六次全国代表大会上作《全面建设小康社会，开创中国特色社会主义事业新局面》工作报告；2003 年党的十六届三中全会通过《关于完善社会主义市场经济体制若干重要问题的决定》；2007 年 10 月 5 日，胡锦涛在中国共产党第十七次全国代表大会上作《高举中国特色社会主义伟大旗帜 为夺取全面建设小康社会新胜利而奋斗》工作报告；2010 年 8 月，改革开放后第四次全国教育工作会议出台了《国家中长期教育改革和发展规划纲要（2010—2020 年)》。这些会议和文件对基础教育政策制定有决定性的影响，主要表现为以下价值取向：开始更加注重人的全面素质发展，更加体现"以人为本"的教育性价值取向，更加关注教育作为社会公平的基础的社会性价值，更加关注教育对经济和社会发展的地位和作用，提出"优先发展教育，建设人力资源强国"的经济性价值取向。因此，这两个历史阶段基础教育政策在逐步回顾教育性价值的基础上，兼顾实现教育的经济性价值、社会性价值和政治性价值，形成了政治性、教育性、社会性、经济性价值取向相互融合、统筹平衡发展的外生性影响态势。

（三）政策生态系统内部成分对基础教育政策价值取向的影响

全面实施素质教育以及向教育强国迈进阶段，基础教育政策生态系统持续稳定运行，政策生态系统内部和外部信息传递非常顺畅。由于基础教育政策生态系统外部环境的稳定，基础教育内部成分的信息反馈渠道更加完善，并进一步得到政策制定者的重视。此阶段，国家建立的专门负责基础教育政策执行的督导部门运行顺利，起到了监督政策执行和反馈政策信息的作用。国家还建立了若干政策研究机构，负责收集基层政策受用者的信息，进行科学分析后形成研究报告反馈给政策制定者。因此，基础教育政策生态系统内部成分的信息得到了有效反馈和重视。

这一阶段，内生性基础教育政策价值取向表现出新的需求。从政策受用者角度看，在基本普及义务教育的基础上，人民群众"上好学"

的需求更加强烈，对教育公平的要求也逐步凸显。这体现了经济性、社会性的价值取向。从教育组织和学校的角度看，对教育投入的需求进一步提高，高品质办学的意愿更加强烈，学校办学的特色化、多元化特点逐步彰显，这体现出办学者经济性、教育性的价值取向。从各级地方教育行政部门的角度看，努力执行国家教育政策、落实政策主要目标要求基本到位，体现了政治性价值取向。同时，教育行政部门对教育结果的关注高于对教育过程的关注，教育投入不均衡现象依然存在，反映出政策执行者的功利性价值取向，体现了经济性价值取向的特点。这些信息反馈给政策制定者后经过有效加工，对政策制定产生了一定影响。

（四）政策价值取向的最终形成机制及其表现

全面实施素质教育以及向教育强国迈进阶段，基础教育政策生态系统更加科学稳定地运行，政策制定的价值竞争、价值选择和价值平衡机制更加完善。这一时期，基础教育政策的"回应"性政策相对减少，以"维护"性政策为主体。在政策生态系统的信息反馈中，更加注重生态系统内部成分，尤其是政策受用者的信息反馈和价值取向。因此，教育性价值取向、社会性价值取向和文化性价值取向逐步成为主导性价值取向，生态系统环境所要求的政治性价值取向和经济性价值取向得到有效平衡。政策制定者越来越意识到，在教育环境相对稳定时期，只有更加关注教育性价值取向，才能更好地实现经济性和政治性价值取向。此外，国家把解决好教育公平问题作为基础教育政策的重要价值取向，体现了社会性价值取向的导向作用，即要通过教育的社会性价值取向的落实，实现国家的政治性和经济性价值取向。

在这种价值平衡过程中，国家先后出台了一系列基础教育政策，来实现教育性和社会性价值取向。首先是1999年改革开放后第三次全国教育工作会议召开，并出台了《素质教育决定》，体现了对教育性价值取向的落实。其次，先后出台了多项推进义务教育均衡发展的政策，尤其是2010年《国家中长期教育改革和发展规划纲要（2010—2020

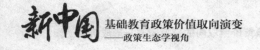
年)》的出台，进一步提出了促进义务教育均衡发展，把促进公平作为教育发展的重要战略，体现了社会性价值取向的主导地位。

在基础教育政策生态系统不断完善的过程中，基础教育政策价值取向得以全面兼顾、平衡发展，基础教育政策生态系统正逐步向常规型政策生态系统发展。

本章分析了影响基础教育政策价值取向的内部和外部因素，进一步分析了这些影响因素运行的基本机制，即基础教育政策价值取向生成的价值竞争、价值选择和价值平衡机制，运用此原理，对新中国各阶段基础教育政策价值取向的形成机制和结果进行了分析，从政策生态系统角度，再次验证了新中国基础教育政策价值取向阶段演变过程和演变机制。

新中国
基础教育政策价值取向演变
——政策生态学视角

第六章

未来建议

本章应用基础教育政策生态系统分析模型，对未来基础教育政策的制定和实施进行研究，提出中国基础教育政策价值取向形成和执行的建议。分别从基础教育政策价值取向的系统选择与政策制定、基础教育政策价值取向的系统分析与政策执行、基础教育政策价值取向的系统分析与学校实施角度，对政策制定和执行提出建议。

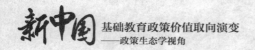

■ 第一节　基础教育政策价值取向的
　　　　　系统选择与政策制定

一、基础教育政策制定的生态系统模型

基础教育政策制定的生态系统模型是与基础教育政策制定和执行的生态系统分析模型（见图5-2）紧密相关的。基础教育政策制定的生态系统模型（见图6-1）是在完善基础教育政策生态系统模型基础上建立的。政策制定者或决策者是政策生态系统的成分之一，如同自然生态系统中的生产者。政策制定者作为生态系统成分，也具有自己独特的"生态群落"。一般来说，政策制定者形成的独特的以政策制定和决策为功能的决策子系统，主要包括决策中枢系统、决策信息系统、决策咨询系统（张国庆，2007）[239-245]，这三个子系统专门为政策制定服务，形成了相对独立的政策决策系统。政策生态系统中的其他成分就成为政策决策系统的环境系统，与政策决策系统进行着开放的信息传递（见图6-1）。政策决策中枢系统，也称为行政决策中心，是指领导、组织整个决策活动和最终从事决策的领导核心。决策信息系统和决策咨询系统处于从属地位，它们服从决策中枢系统的领导和指挥。决策信息系统是指为了实现共同目标而互相联系、互相制约的信息收集和处理系统。信息系统可分为自然信息系统和人造信息系统。决策信息系统属于人造信息系统，它是为决策收集、整理和传输有用、准确、及时的信息的一个信息服务机构。决策信息传递可分为纵向信息传递、横向信息传递、综合信息传递等。决策咨询系统就是指为行政决策和政策制定提供咨询服务的组织系统。它有时是政府内部的咨询机构，有时是政府外部的社会咨询机构或研究机构。在我国，教育政

策咨询系统主要包括中国教育科学研究院等各类教育相关科研机构。这些机构中有各类专家以及丰富的政策研究成果，对政策制定起到咨询支持作用。有时，在政策制定过程中，政策决策中枢系统会整合信息系统和咨询系统，使它们共同工作，为政策制定提供快速有针对性的决策信息和决策建议。如《国家中长期教育改革和发展规划纲要（2010—2020年）》的制定过程中，国家就组建了11个课题组，集中了信息系统和咨询系统的人员，从2008年开始进行专门的信息收集和政策咨询研究，为制定政策提供了有效的信息和建设性的咨询意见。

决策信息系统通过与政策决策环境的有效联系，进行着纵向、横向和混合式信息收集，并将收集到的信息加工整理，传递给决策咨询系统和决策中枢系统。决策咨询系统对收集到的信息进行科学研究和分析，形成具体的政策建议，传递给决策中枢。决策中枢再根据本系统对政策价值的分析，最后确定对外公布的政策。在政策公布之前，决策中枢系统还要进行一系列政策审批程序，使政策真正具有法律或行政效力，才能最终公布。

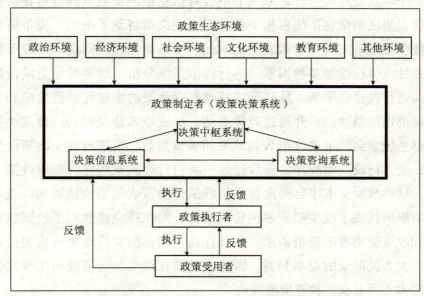

图6-1 基础教育政策制定（决策）生态系统模型

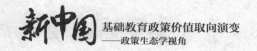

一个成熟的、科学的政策决策过程应该依靠一个健全的政策生态系统。政策生态系统模型，为分析政策制定过程的科学性奠定了基础，为组织政策制定提供了组织流程参考。本研究对未来中国基础教育政策制定的建议是建立如图6-1所示的政策制定生态系统，并依据此系统的运行规律，组织政策制定的过程，保证基础教育政策制定的科学性。

二、基础教育政策制定的政策价值取向选择机制

政策决策生态系统在政策制定过程中重要的功能就是进行政策价值选择，并用这种价值选择指引整个政策的制定和实施。政策决策生态系统的价值选择来自于对各种价值信息的判断和科学分析。其中，决策信息系统收集的各方面信息中具有各种价值取向，这是决策信息系统需要重点收集、整理的内容。决策信息系统收集信息和整理信息是一个客观公正的过程，原则上不会对信息中的价值取向进行评价和取舍。当决策信息系统将相关信息汇总到决策咨询系统后，决策咨询系统会根据基础教育政策制定的时间、要解决的核心问题以及政策的实效性、可行性等多种因素，进行科学系统分析，对各种信息的价值取向进行选择、平衡，最终确定基础教育政策的主导性价值取向和相关辅助性价值取向，并通过政策表达，形成政策建议报告。政策决策中枢系统拿到政策建议报告和政策相关信息后，再进行政策决策性研究，进入行政决策程序，最后经过一系列行政决策程序，形成政策文本。这些政策文本中已经蕴含了用政策性语言表达的价值取向。这些价值取向代表了政策制定者的价值选择，但往往也都兼顾了政策执行者和政策受用者的价值需求。尤其在新中国，国家行政决策机关代表了广大人民群众的根本利益，因此基础教育政策的价值取向主要代表了广大人民群众的教育价值取向。

依据政策生态系统模型，政策制定过程中价值取向的形成是多元

的，经过了科学的价值竞争、价值选择和价值平衡机制，因此政策价值取向体现了各方利益群体的利益，是政策价值和利益最优化的体现。本研究建议，在未来中国基础教育政策制定过程中应建立决策生态系统的分析模型，在该模型中分析政策价值取向，形成最终的主导性价值取向和辅助性价值取向，以确保基础教育政策价值取向科学、多元、平衡。

■ 第二节　基础教育政策价值取向的系统分析与政策执行

政策执行也是一个系统工程。它需要贯彻政策制定者在政策文本中所表达的价值取向，也需要考虑政策执行者自身的价值取向和利益选择，还要考虑政策受用者的接受和承受程度，制定可行的政策实施方案。确保政策有效实施，是政策执行的主要任务。一般来说，政策执行者是各级政府，对于基础教育政策的执行来说就是各级政府的基础教育政策执行部门。各级教育行政部门在执行基础教育政策时，一般不会简单地直接转达或传递政策原文，通常都要根据本地区或本部门实际情况，制定具有可行性的政策实施方案，以便有效落实。如2010 年《教育规划纲要》下发后，全国所有省、自治区、直辖市都制定了自己的《教育规划纲要》或实施方案，以保证国家教育政策有效实施。因此，基础教育政策执行过程也可以说是政策的再次细化制定的过程。政策执行的这种复杂性决定了政策执行系统的复杂性。政策生态系统为政策执行提供了分析模型。

一、基础教育政策执行的生态系统模型

基于生态系统模型的基础教育政策执行生态系统模型（见图 6 –

2)，体现了系统结构的有机联系和信息交换的开放性。政策执行生态系统是政策生态系统的子系统，主要包括：执行中枢系统、执行监督系统、执行反馈（评价）系统三个子系统。它们相互独立又相互联系，共同完成政策执行的任务。其中政策执行中枢系统是政策执行的核心，主要承担执行决策、执行组织、执行权力分配和执行目标任务分配的职责。执行反馈（评价）系统，是执行中枢系统对执行情况进行自我评价和监督反馈的工作系统，有时是从执行中枢系统分离出独立工作系统，有时是执行中枢系统委托第三方协助进行专业评价和反馈，以确保政策执行效果。执行监督系统，往往是独立于执行中枢系统的工作系统，其主要职责是根据政策执行方案，对政策执行过程、责任落实、目标达成情况进行监督、检查和评价反馈。执行监督系统不同于评价反馈系统的是，该系统往往游离于执行中枢系统，进行独立监督，以确保监督检查的公正客观。具体执行时，有些系统结构具有独特的行政名称，如"教育督导室"。我国从中央人民政府到各级地方人民政府都设立了教育督导室，独立于教育行政部门，开展教育督导工作，其主要任务就是督导检查各类教育政策尤其是基础教育政策的执行情况。

基础教育政策执行系统在自成体系的同时，与基础教育政策生态系统的总体环境保持紧密联系，政策执行过程也受到外界环境各种因素的影响，从而影响政策执行效果。政策生态系统的结构和功能对基础教育政策执行的效能效益有重要影响。

二、基础教育政策执行的政策价值取向分析机制

基础教育政策执行生态系统运行的主要任务是制定政策实施方案、组织政策实施，而这其中最为核心的前提是对政策的价值取向和政策实施的价值取向进行系统分析，从而使政策价值取向与本地或本部门以及政策受用者达到最有效契合，形成政策实施策略和实施方案。

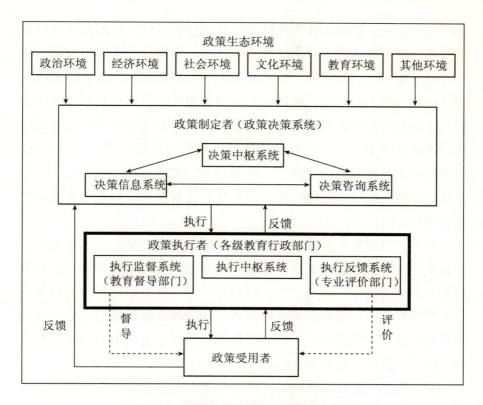

图6-2 基础教育政策执行生态系统模型

基础教育政策执行中枢系统是政策执行的主体。政策执行生态系统围绕政策执行中枢系统运行,后者的主要功能之一是进行政策价值分析。首先,政策执行中枢系统要系统分析政策本身的价值取向,学习贯彻政策制定者在政策文本中所表达的价值取向。其次,政策执行中枢系统要分析政策生态系统的环境因素的基础教育价值取向,并参考主导性价值取向进行政策执行的方案制定。再次,政策执行中枢系统要分析自身和政策受用者的基础教育价值取向。最后,政策执行中枢系统将自身的价值取向、政策受用者的价值取向和政策本身的价值取向(政策制定者价值取向)有机统一,形成政策执行策略。在此基础上制定政策实施方案,组织政策实施工作。

在政策实施方案制定和执行的同时,政策执行评价和反馈方案也同时制定完成，并进入政策执行评价反馈过程。现代政府政策执行的评价和反馈过程往往与实施过程同步进行，以保证政策及时有效实施和及时反馈调整。政策执行评价和反馈一般由同级教育行政部门实施，并进行自动调节。因此，政策执行的评价和反馈的价值依据也基本来自政策执行中枢的价值取向。举例来说，我国基础教育课程改革政策执行评价过程中，地方教育行政部门会组织专业部门制定评价方案，对课程改革过程中的课堂教学、课程建设、课程开发、教师培训、学业质量等进行评价，并将结果反馈给教育行政部门，以便于及时调整政策执行方案。

另外，当政策实施后，政策执行的监督系统开始启动。政策执行监督系统一般独立制定方案，并独立于政策执行中枢系统运行。在基础教育政策的执行过程中，各级教育督导部门负责制定对教育政策执行的督导方案，并组织实施督导检查工作。教育督导部门制定教育政策执行的督导检查方案，主要依据教育政策制定者的教育政策价值取向，以确保教育政策准确执行。

综上所述，基础教育政策执行的价值取向受多种因素影响，但总体上通过政策执行中枢系统的统筹，形成统一政策制定者、政策执行中枢和政策受用者三者利益的价值取向，即形成国家、地方和个人三者利益和价值的统一，从而保障政策的有效实施。政策执行中枢的价值取向也影响着政策执行评价和反馈系统的价值取向，但受到政策执行监督系统的督导。基础教育政策督导部门的督导工作价值取向依据政策制定者的价值取向形成，并为其服务。所以，基础教育政策执行系统中，政策执行中枢系统、政策评价和反馈系统以及政策执行监督系统三者依据的价值取向之间相互制约，以确保政策高效实施。

在未来基础教育政策执行过程中，负责政策执行的各级教育行政部门应参照如图6-2所示的基础教育政策执行生态系统分析模型，对政策执行过程和政策执行价值取向进行分析，用系统全面的分析保障教育政策执行的有效性。

■ 第三节　基础教育政策价值取向的 系统分析与学校实施

学校是基础教育政策执行的终点之一，是政策实施的基础和基本单元，是政策生态系统的政策受用者。学校作为政策生态系统的成分，在政策执行过程中也依赖政策生态系统的运行，建立起学校的政策执行生态系统（见图 6-3），完成政策执行的最终受用过程。

一、学校政策执行的生态系统模型

教育政策的学校执行受学校的组织管理系统和功能影响和制约。学校政策执行生态系统也是基础教育政策生态系统的组成部分，受基础教育政策生态系统运行的制约和影响，但具有结构和运行的相对独立性，形成了政策执行的微生态系统。不同政治生态和文化背景下，学校政策执行生态系统的结构和功能不同。

（一）学校政策执行生态系统模型的结构和功能

学校政策执行生态系统模型依托于中国基础教育阶段的中小学学校组织结构。对于学校来说，政策执行也是学校对政策执行的决策过程，这个过程将可能带来学校工作的变革。我国中小学组织系统中，参与学校决策过程的组织部门主要有三类：一是政策执行决策的中枢组织系统，主要指校长及其领导下的学校行政会或校务委员会。改革开放后，我国中小学实行校长负责制，因此学校校长及其领导下的学校行政会或校务委员会是学校决策的中枢组织系统。二是政策执行的监督和支持系统。学校党组织领导学校党务工作、工会工作、团组织工作等，支持学校行政工作。在学校决策过程中，学校党组织作为校务委员会或学校行政会成员参与学校决策过程，并对决策过程进行监

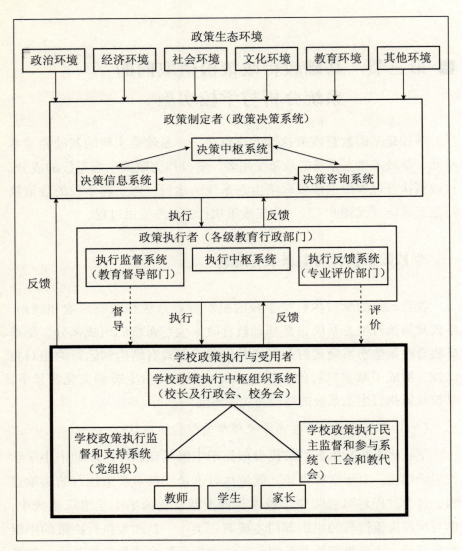

图6－3　基础教育政策学校执行的生态系统模型

督、支持和保障，这是确保党的教育方针在学校得到落实的组织需要。学校党组织可称为学校政策执行的监督和支持系统。三是政策执行的民主监督和参与系统。学校工会和其他群众性组织，以民主监督的方式参与学校政策决策执行过程。有的学校为了发挥教职工参与学校管理的作用，还建立了教师专业组织，如教师学术委员会等，参与学校政策执行的过程。学校的行政组织、党组织和工会及其他群众性组织，分别作为学校政策执行的中枢组织系统、监督和支持系统以及民主监督和参与系统，构成了学校的政策执行主要成分，形成了学校政策执行生态系统模型。学校政策执行生态系统与基础教育政策生态系统紧密联系，作为其子系统加入政策生态系统运行过程。

（二）学校政策执行生态系统的运行

根据执行政策的类型不同，学校政策执行生态系统的运行方式也有细微区别。学校中执行政策的主要类型包括：学校人事政策、学校财务政策、学校基础建设政策、学校教育教学政策、学校发展政策等。学校人事政策主要涉及教师和干部队伍建设、教师招聘、职称聘任、工资福利待遇等相关政策，直接与教师根本利益相关；学校财务政策主要涉及学校财务制度、财务支出使用、重大资金使用等政策，涉及学校经费运行决策与管理；学校基础建设政策，主要指学校校舍维修与建设、学校其他硬件建设规划和组织等，与学校文化建设和经费管理紧密相关；学校教育教学政策，主要涉及学校课程设置、教学管理、考试评价、学生德育与学生活动等工作，是学校核心业务决策工作；学校发展政策主要是指学校规划和计划的制定、学校发展愿景和发展战略的确定等。这些学校政策对学校发展都产生了重大影响，属于学校重大决策。这些政策既是校内决策和执行的内容，也受上级教育政策和基本制度的制约，是在上级政策的指导和制约下进行的。在学校决策中，不同类型的政策对学校政策执行生态系统提出了不同的运行要求。学校人事政策、财务政策等一般涉及教职工的基本利益。学校在进行此类政策决策时，为保障教师利益，一般要求在学校行政组织决策基础上，再提交学校教职工代表大会审议通过才能执行。这充分体现了中国特色社会主义学校的民主管理特色。学校中涉及重大基础建设投资时，为确保投资决策科学、安全，一般要求学校行政组织和党组织召开联席办公会，或校务委员会做出会议决策后方能执行。对于学校教育教学政策的决策和执行，因涉及较强的专业知识和专业背景，一般要在学校相关学术委员会研究的基础上进行行政决策，以确保政策执行的科学性、准确性。学校发展性政策的决策一般也要在广泛征求教职工意见的基础上，再提交学校行政会甚至教职工代表大会讨论通过后执行。由于学校政策类型不同而形成的不同的政策生态系统运行方式，从专业角度和民主角度保证了政策实施。

二、基础教育政策价值取向的学校执行

学校政策执行主体是学校校长和行政会，学校政策受用者主要指教职员工、学生及学生家长。学校政策执行主体和受用者与政策制定者和各级政策执行者之间有着不同的教育价值取向。这是基础教育政策在学校执行过程中产生价值冲突的基本原因。

在学校层面，学校的政策执行者和政策受用者，一般把教育性价值取向，以及追求高质量学业成绩的经济性价值取向作为学校的主要价值取向。在政策执行的过程中，表面看是价值竞争和冲突，但本质是各种价值取向相互统一的。因为教育价值取向间具有内在联系性。在学校层面执行基础教育政策时，关注和体现对教育性价值取向的落实，就是对其他价值取向的最好贯彻和实施。但有时，学校和家长也会为了暂时的教育质量结果，只关注到学生学业成绩的暂时提高，忽略了学生的全面发展和可持续发展，走上了以经济性价值取向为主导的教育政策执行道路，失去了教育性价值的本意。这需要通过调整教育政策生态系统，逐步纠正。学校管理者应根据学校政策执行的生态系统模型，组织政策实施，研究政策执行的策略，从而提高政策执行的科学性和有效性，提高学校的办学品质。

综上所述，基础教育政策生态系统为我们提供了政策制定和执行的分析模型。这种分析模型对政策制定、政策执行和学校的政策执行过程都提供了新的分析框架。通过这些模型，可以进一步研究基础教

育政策价值取向在政策制定的宏观生态系统、政策执行的中观生态系统，以及学校微观生态系统的运行机制。最终，基础教育政策生态系统为建立上下统一的政策制定和执行的价值取向运行体系提供了分析模型，对提高基础教育政策执行的有效性具有理论和实践意义。

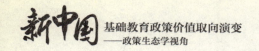
一、从历史学视角分析基础教育政策价值取向的启示

新中国基础教育政策的演变反映了教育政策发展的规律。

（一）基础教育政策与教育发展的互动与演替

通过对新中国基础教育政策发展两个历史时期的八个历史阶段的分析，可以发现基础教育政策与教育发展是互动的关系。基础教育政策的制定是国家政治制度发展的需要，基础教育政策具有政治性。因此，基础教育政策的发展阶段与国家政治的发展阶段相统一。不同历史阶段，国家根据政治发展的总体进程和部署，总会对基础教育的发展提出一系列发展规划和要求。这些规划和要求最终以基础教育政策的形式存在。由于教育政策体现了国家对教育发展的规范和对未来发展的期待，因此基础教育政策一般具有一定的前瞻性。随着基础教育的发展、基础教育政策目标的实现，原来制定的基础教育政策又会形成对教育发展的制约。这就是基础教育政策和基础教育事业发展的互动与发展演替的规律。新中国成立初期，社会主义改造阶段，我国以阶级性的价值取向为主导制定基础教育政策，保证了广大劳动人民的子弟能够平等接受初等教育。这些政策促进了新中国成立初期基础教育的快速发展。社会主义建设初探时期和"文化大革命"时期，进一步强化"以阶级斗争为纲"的阶级性教育政策，造成教育事业的发展挫折，造成了灾难性的历史教训，制约了教育事业的发展。教育政策发展与教育事业发展的这种历史互动性，对于分析基础教育政策的有效性、提高政策实施效能具有理论和实践意义。

（二）基础教育政策主观性与基础教育发展客观性的矛盾

基础教育政策和基础教育发展互动性演替的根本原因，是基础教育政策制定的主观性和基础教育事业发展的客观性之间的矛盾。基础教育政策制定是国家权力机构根据国家发展的需要，通过主观判断编写政策文件的过程。这个过程是在少数政策制定部门中进行的，因此任何政策的制定都一定程度地体现的是一部分人的政策判断和政治思想。所以，政策具有主观性。虽然随着国家政治制度的不断完善，政策制定过程也不断完善和发展，越来越通过客观科学的方法收集信息、整理信息、科学分析、民主决策，以达到使政策相对客观的目的。但由政策自身属性决定，其决策主体的主观性是不可避免的基本特征。而基础教育事业是一种社会客观存在，它主要按照自身规律运行。教育政策的出现，使教育事业发展被动地受到国家政策制约，成为国家运行工具之一。因此，教育政策的主观性与教育事业发展的客观性，形成了与生俱来的一对矛盾。这种矛盾是二者相互作用的动力，也是推动二者发展和相互适应的动力。

（三）基础教育政策制定应努力适应基础教育发展的客观规律

基础教育政策主体性和教育发展客观性的矛盾，决定了基础教育政策制定的最高境界就是政策既适应教育事业发展规律，又符合政治性价值取向、经济性价值取向、社会性价值取向和文化性价值取向等多方面价值主体的要求。基础教育政策的主观性是推动这种发展的主动方面。政策制定体现的是政策制定者的思想，因此政策制定者在制定政策的过程中，应坚持适应性原则，努力争取使基础教育政策最大限度地尊重基础教育发展规律。这就是通过基础教育政策发展的历史学分析所得到的启示。

二、从生态系统视角分析基础教育政策价值取向的启示

基础教育政策生态系统模型的建立，对基础教育政策的制定、执行和分析提供了新的视角，带来了新的启示。

首先，基础教育政策制定是一个系统的过程，符合生态系统的特征和规律。研究表明，基础教育政策制定受多方面因素影响，同时又影响着基础教育各相关成分的发展。基础教育政策生态系统由基础教育政策环境和基础教育政策生态系统内部成分构成。基础教育政策生

态系统的主要功能是在政策环境和内部成分的需求共同作用下，制定基础教育政策并组织基础教育政策实施。基础教育政策生态系统运行特征包括：政策生态系统的开放性、稳定性、整体性和流动性。基础教育政策生态系统的这些功能特征，决定了基础教育政策价值取向形成的基本原理，主要包括：基础教育政策价值取向的多元统筹生成原理、基础教育政策价值取向的动态平衡流动原理、基础教育政策价值取向的相互关联效能原理。

其次，基础教育政策价值取向的形成和执行是多元价值取向在政策生态系统内竞争、选择和平衡的结果。基础教育政策制定过程的重要任务是确定政策所要实现的价值取向，是多元价值取向冲突与平衡的过程。在政策生态系统中，基础教育政策的相关价值冲突与平衡遵循三个基本机制，即价值选择机制、价值竞争机制和价值平衡机制。价值选择、价值竞争和价值平衡作为基础教育政策价值取向形成的基本机制，保障了政策制定和实施的科学性、适应性和客观性。

第三，基础教育政策制定的客观性、适应性、科学性取决于对政策制定过程系统分析模型的应用。运用基础教育政策生态系统分析模型，对新中国基础教育政策发展历史进行分析，可以发现不同历史时期基础教育政策生态系统的发展水平不同，政策生态系统的运行效果不同，造成基础教育政策制定的结果不同。总之，政策生态系统发展越完善、运行越系统化，所制定的基础教育政策就越科学，具有较高的适应性和可执行性，也就越能推动基础教育发展。反之，政策生态系统越不完善，系统运行越混乱，制定出的基础教育政策越主观，执行效果和效能越差，越阻碍基础教育发展。

未来基础教育政策制定过程中，应充分发挥政策生态系统的政策分析和组织功能，以提高政策制定和执行的客观性、适应性和科学性。

三、从价值分类视角分析基础教育政策价值取向的启示

基础教育价值分类模型对进一步研究基础教育政策的价值取向具

有借鉴和启示作用。

　　教育价值的各种类型具有紧密的联系性与相关性。根据表 1－1 的教育价值分类，人的价值和教育价值分为三个层次，即元价值、工具性价值和消费性价值。其中人的元价值、工具性价值和消费性价值分别是：生命的价值、社会生产的价值和社会生活的价值。人的教育价值可分为：生命发展的价值、社会生产能力发展的价值、社会生活价值实现的价值。人的教育价值分类在具体教育实践中表现为：教育性价值、经济性价值、政治性价值、社会性价值、文化性价值等。其中教育性价值主要体现的是对生命发展价值的实现，是教育的元价值；工具性价值主要是对人的工具性价值和人力资源价值的开发，是教育的经济性价值的体现；教育的消费性价值是对人的社会生活价值的实现，包括对政治性价值、经济性价值、社会性价值和文化性价值的实现。人的这些教育价值是紧密关联的，其中教育性价值是元价值，是各种价值实现的基础；工具性价值主要指对人的社会劳动能力的开发，体现了经济性价值的特征，工具性价值是教育价值实现的中介，是连接元价值与消费性价值的纽带；教育的消费性价值是教育价值实现的终极目标，即实现人类社会的发展，包括政治、经济、社会、文化等多方面的发展目标，教育的消费性价值需要通过对教育元价值的开发和工具性价值的发展来实现。同时，教育消费性价值的发展也反作用于教育的元价值和工具性价值。教育价值结构的联系性和相关性是教育政策制定实现价值平衡的内在原因。

　　人的教育价值的基础是教育的元价值。只有实现了教育的元价值，才能实现其他价值。从新中国基础教育政策发展看，无论哪个时期，无论以什么样的教育价值取向为主导，教育性价值都肩负着基础性价值的作用，为实现主导性价值取向奠定了基础。教育的元价值也是教育基本功能的基础。教育的基本功能是发展人，而人的价值结构的基础是生命价值，因此对人的生命的发展就是教育性价值的基础，也就是教育的基本功能和教育性价值的主要任务。教育工作者承担着实现

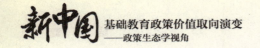
人的教育元价值的主要任务，学校和教师应重点关注教育元价值的实现。

基础教育政策应关注人的元价值的实现。政策制定者是以政治利益和政府利益为主要服务任务的群体，因此任何政策制定的根本出发点都是实现政治利益和政府利益最大化。在教育政策制定过程中，政治性价值取向始终是教育政策的根本性价值取向。但通过对教育价值类型的分析，政策制定者应该认识到，教育性价值即教育的元价值是实现其他一切教育价值的基础，没有教育元价值的实现，就没有其他一切价值的实现。因此在教育政策制定过程中，政策制定者应努力把教育性价值的实现放在重要的位置，并通过促进人的元价值的发展，实现其他包括政治性价值在内的价值。这就是教育政策回归教育本真、尊重教育规律的主要原因所在。

新中国基础教育政策60余年的发展，展现了中国教育政策逐步完善、不断成熟的过程。这一发展过程体现了中国基础教育政策价值取向发展的规律。这些规律对未来基础教育政策制定具有启示作用：一是新中国基础教育政策价值取向发展逐步回归教育元价值；二是新中国基础教育政策价值取向演变历史性地证明教育性价值是其他相关价值的基础；三是未来中国基础教育政策发展要更加注重教育性价值的主导作用。

■ 参考文献

DUNN W N. 1981. Public Policy Analysis：Introduction［M］. Englewood Cliffs & New Jersey：Prentice-hall.

LERNER D，LASSWELL H D. 1951. The Policy Sciences：Recent Development in Scope and Method［M］. Stanford，Ca：Stanford University Press.

LINDBLOM C E. 1979. Usable Knowledge：Social Science and Social Problem Solving［M］. New Haven：Yale University.

ROBBIN S，JUDGE T A. 2013. Organizational Behavior［M］. New Jersey：Pearson Education，Inc.

博登还默. 1987. 法理学—法哲学及其方法［M］. 邓正来，译. 北京：华夏出版社.

柴逢国. 2007. 对建国后（1949—1999）教育方针价值取向演变的分析［D］. 南京：南京师范大学.

陈桂生. 1996. 关于邓小平教育思想研究问题［J］. 华东师范大学学报：教育科学版（2）：2-6.

陈振明. 1998. 政策科学［M］. 北京：中国人民大学出版社.

达尔文. 1972. 物种起源［M］. 谢蕴贞，译. 北京：科学出版社.

杜智华. 2010. 我国教师教育政策价值取向研究——以改革开放后重要教育政策文献为蓝本［D］. 长沙：湖南师范大学.

福勒. 2007. 教育政策学导论［M］. 许庆豫，译. 2版. 南京：江苏教育出版社.

改革开放以来的教育发展历史性成就和基本经验研究课题组. 2008. 改革开放30年中国教育重大理论成果［M］. 北京：教育科学出版社.

戈峰. 2008. 现代生态学［M］. 北京：科学出版社.

胡凯，贾卫华. 2005. 我国基础教育政策改革的价值取向与公平 [J]. 合肥学院学报 (3)：129 - 131.

黄济，王策三. 1996. 现代教育论 [M]. 北京：人民教育出版社.

黄济. 2011. 教育哲学通论 [M]. 太原：山西教育出版社.

黄明东. 2007. 教育政策与法律 [M]. 武汉：武汉大学出版社.

季飞. 2009. 中美基础教育政策价值取向之比较 [J]. 现代教育管理 (11)：102 - 105.

靳希斌. 1998. 市场经济大潮下的教育改革 [M]. 广州：广东教育出版社.

靳希斌. 2001. 教育经济学 [M]. 北京：人民教育出版社.

赖秀龙. 2009. 新中国成立以来基础教育价值取向：嬗变与反思 [J]. 教育与教学研究 (9)：15 - 19.

劳凯声，刘复兴. 2000. 论教育政策的价值基础 [J]. 北京师范大学学报：人文社会科学版 (6)：5 - 17.

劳凯声. 2009. 中国教育改革30年：政策与法律卷 [M]. 北京：北京师范大学出版社.

李国钧，王炳照. 1999. 中国教育制度通史：第八卷 [M]. 济南：山东教育出版社.

李莉. 2006. 西方行政生态学理论及其对我国公共行政改革的启示 [J]. 理论月刊 (1)：58 - 60.

李明霞. 2009. 改革开放30年我国高等教育政策价值取向研究 [D]. 沈阳：沈阳师范大学.

李难. 1990. 进化论教程 [M]. 北京：高等教育出版社.

李兴桥. 2009. 师范生免费教育政策的价值取向研究 [D]. 重庆：西南大学.

梁磊，邢鑫. 2003. 论组织生态学研究对象的层次结构 [J]. 科学学研究 (21)：38 - 47.

刘定平，等. 2012. 生态价值取向研究 [M]. 北京：中国书籍出版社.

刘复兴. 2002. 教育政策活动中的价值问题 [J]. 北京师范大学学

报：人文社会科学版（3）：83－91.

刘复兴. 2003a. 教育政策的价值分析［M］. 北京：教育科学出版社.

刘复兴. 2003b. 教育政策的价值系统［J］. 清华大学教育研究（2）：6－13.

刘京希. 2007. 政治生态论——政治发展的生态学考察［M］. 济南：山东大学出版社.

罗刚. 2009. 基础教育均衡发展政策的价值研究［D］. 上海：华东师范大学.

毛泽东. 1991. 毛泽东选集：第二卷［M］. 北京：人民出版社.

孟卫青. 2008. 教育政策分析：价值、内容与过程［J］. 现代教育论丛（5）：38－49.

那格尔. 1990. 政策研究百科全书［M］. 林明，等，译. 北京：科学技术文献出版社.

庞丽. 2008. 我国高等职业教育政策的演变及其价值取向［D］. 桂林：广西师范大学.

祁型雨. 2003. 超越利益之争——教育政策的价值研究［M］. 北京：高等教育出版社.

祁型雨. 2006. 教育政策价值取向的几个基本理论问题探讨［J］. 沈阳师范大学学报：社会科学版（3）：9－13.

全国人民代表大会. 1995. 中华人民共和国教育法［Z］. 第八届全国人民代表大会第三次会议通过.

任凯，白燕. 1992. 教育生态学［M］. 沈阳：辽宁教育出版社.

阮成武，肖毅. 2008. 基于和谐：国际初等教育政策的价值取向及对中国的启示［J］. 比较教育研究（4）：21－25.

孙绵涛. 2010. 教育政策学［M］. 北京：中国人民大学出版社.

孙绵涛，等. 2011. 教育政策分析：理论与实务［M］. 重庆：重庆大学出版社.

孙儒泳，李庆芬，牛翠娟，等. 2002. 基础生态学［M］. 北京：高等教育出版社.

孙中民. 2009. 效率 VS 公平：我国教育政策价值取向的反思 ［J］. 教育研究（2）：76－77.

王道俊，扈中平. 2011. 教育学原理 ［M］. 福州：福建教育出版社.

王沪宁. 1989. 行政生态分析 ［M］. 上海：复旦大学出版社.

王显军. 2007. 论邓小平教育政策的价值取向与实践途径 ［J］. 教育探索（11）：1－2.

魏峰，张乐天. 2010. 新时期我国教育政策的价值取向 ［J］. 教育理论与实践（5）：25－28.

吴亚林. 2009. 价值与教育 ［M］. 北京：北京师范大学出版社.

吴遵民. 2006. 基础教育决策论 ［M］. 上海：华东师范大学出版社.

吴遵民. 2010. 教育政策学入门 ［M］. 上海：上海教育出版社.

吴遵民，邓璐. 2011. 新世纪十年中国教育政策价值基础的历史回顾与反思 ［J］. 杭州师范大学学报：社会科学版（6）：34－39.

向玉琼. 2005. 政策生态学与我国加入 WTO 后政策系统的优化 ［J］. 理论探索（4）：94－96.

谢明. 2004. 政策分析概论 ［M］. 北京：中国人民大学出版社.

邢利娅，白星瑞. 2008. 建国后我国学前教育政策价值取向的演变 ［J］. 学前教育研究（3）：13－15.

徐玲，赵艳立. 2011. 本世纪以来我国成人教育政策的价值取向研究述评 ［J］. 成人教育（3）：17－18.

严荣. 2005. 公共政策创新与政策生态 ［J］. 上海行政学院学报（4）：36－46.

阎光才. 2002. 教育的功能、功用到功效——20 世纪西方公共教育政策价值取向的演进逻辑 ［J］. 比较教育研究（3）：7－12.

杨生新. 2008. 我国教育政策价值取向的偏差与纠正 ［J］. 黑龙江高教研究（9）：12－15.

杨志成，柏维春. 2013a. 教育价值分类研究 ［J］. 教育研究（11）：18－23.

杨志成，柏维春. 2013b. 隐性课程的文化价值选择 ［J］. 黑龙江高教研究（6）：35-37.

杨志成. 2013a. 综合课程：多元分类系统与实践模式研究 [J]. 中小学管理（1）：33-35.

杨志成. 2013b. 新世纪以来北京市义务教育均衡发展的理论与实践 [J]. 北京教育：普教版（6）：6-25.

杨志成. 2014. 论义务教育均衡发展阶段性的价值归因 [J]. 中国教育学刊（5）：6-10.

英博，等. 2003. 教育政策基础 [M]. 史明洁，等，译. 北京：教育科学出版社.

袁贵仁. 2013. 价值观的理论与实践：价值观若干问题的思考 [M]. 北京：北京师范大学出版社.

袁振国. 2004. 当代教育学 [M]. 北京：教育科学出版社.

张国庆. 2007. 公共行政学 [M]. 3版. 北京：北京大学出版社.

张尚仁. 1989. 论人的价值系统 [J]. 华南师范大学学报：社会科学版（1）：1-7.

张顺，柏维春. 2000. 论21世纪中国政治发展的基本模式 [J]. 东北师大学报：哲学社会科学版（6）：7-11.

张扬生，朱纷. 2009. 论素质教育政策的价值取向与制度创新 [J]. 江苏教育研究（4）：50-53.

智学，王金霞. 2004. 科学的教育政策：教育践行科学发展观的支柱 [J]. 教育研究（9）：55-59.

中国共产党中央委员会. 1981. 中国共产党中央委员会关于建国以来党的若干历史问题的决议 [M]. 北京：人民出版社.

中国共产党中央委员会. 1985. 中共中央关于教育体制改革的决定 [EB]. 中华人民共和国国务院公报.

中国教育年鉴编辑部. 1984. 中国教育年鉴（1949—1981）[M]. 北京：中国大百科全书出版社.

中国教育年鉴编辑部. 1986. 中国教育年鉴（1982—1984）[M]. 长沙：湖南教育出版社.

中国教育年鉴编辑部.1989.中国教育年鉴（1988）［M］.北京：人民教育出版社.

中国教育年鉴编辑部.1990.中国教育年鉴（1989）［M］.北京：人民教育出版社.

中国教育年鉴编辑部.1991.中国教育年鉴（1990）［M］.北京：人民教育出版社.

中国教育年鉴编辑部.1992.中国教育年鉴（1991）［M］.北京：人民教育出版社.

中国教育年鉴编辑部.1993.中国教育年鉴（1992）［M］.北京：人民教育出版社.

中国教育年鉴编辑部.1994.中国教育年鉴（1993）［M］.北京：人民教育出版社.

中国教育年鉴编辑部.1995.中国教育年鉴（1994）［M］.北京：人民教育出版社.

中国教育年鉴编辑部.1996.中国教育年鉴（1995）［M］.北京：人民教育出版社.

中国教育年鉴编辑部.1997.中国教育年鉴（1996）［M］.北京：人民教育出版社.

中国教育年鉴编辑部.1998.中国教育年鉴（1997）［M］.北京：人民教育出版社.

中国教育年鉴编辑部.1999.中国教育年鉴（1998）［M］.北京：人民教育出版社.

中国教育年鉴编辑部.1999.中国教育年鉴（1999）［M］.北京：人民教育出版社.

中国教育年鉴编辑部.2000.中国教育年鉴（2000）［M］.北京：人民教育出版社.

中国教育年鉴编辑部.2001.中国教育年鉴（2001）［M］.北京：人民教育出版社.

中国教育年鉴编辑部.2002.中国教育年鉴（2002）［M］.北京：人

民教育出版社.

中国教育年鉴编辑部. 2004. 中国教育年鉴（2004）［M］. 北京：人民教育出版社.

中国教育年鉴编辑部. 2005. 中国教育年鉴（2005）［M］. 北京：人民教育出版社.

中国教育年鉴编辑部. 2006. 中国教育年鉴（2006）［M］. 北京：人民教育出版社.

中国教育年鉴编辑部. 2007. 中国教育年鉴（2007）［M］. 北京：人民教育出版社.

中国教育年鉴编辑部. 2009. 中国教育年鉴（2009）［M］. 北京：人民教育出版社.

中国教育年鉴编辑部. 2011. 中国教育年鉴（2011）［M］. 北京：人民教育出版社.

中华人民共和国教育部. 1998. 邓小平教育理论学习纲要［M］. 北京：北京师范大学出版社.

中央教育科学研究所. 1984. 中华人民共和国教育大事记（1949—1982）［M］. 北京：教育科学出版社.

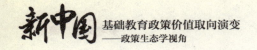
■ 附录： 我国义务教育均衡发展阶段性价值归因的实证研究

义务教育均衡发展是新世纪以来我国义务教育发展的重要政策，也是我国义务教育发展的必然历史进程。这一历史进程具有阶段性、渐进性的特征。义务教育均衡发展的阶段性除受到地方经济发展水平制约外，还受到地方政府和教育行政部门的教育价值取向的影响。地方政府和教育行政部门教育政策价值取向直接影响义务教育均衡发展的实施策略，影响着义务教育均衡发展内的实施效果。明确义务教育均衡发展阶段性、渐进性特征，有利于各级政府和教育行政部门实施有效的、有针对性的策略，推进义务教育均衡发展工作。

本文从教育政策价值取向角度分析义务教育均衡发展阶段性的内在原因和必然结果，在此基础上提出义务教育均衡发展不同阶段的实施策略。

一、我国义务教育均衡发展的历史背景

我国义务教育均衡发展政策是国家基础教育 60 余年不断发展的历史阶段性选择。新中国成立以来我国义务教育的发展大体经历了四个阶段。

第一阶段是国家创造条件努力以公立学校普及初等教育，逐步发展中等教育阶段（1949 年 10 月至 1962 年）。新中国成立初期，为了在短时间内使广大普通百姓子女接受教育，提高广大工人、农民的知识水平，国家采取了一系列教育政策。一是通过接办私立学校扩大公立学校接收学生的规模，如 1952 年 9 月，教育部发出《关于接办私立中小学的指示》。二是通过修改学制，提高普及初等教育的可能性。1951

年 10 月 1 日，新中国公布了第一个学制，即"五一学制"。"五一学制"将初等教育学制缩短为五年，提高了普及初等教育的可能性。三是采取多种形式办学，创造性普及初等教育。"五一学制"将"工农速成初等学校和中等学校"、"业余初等学校和中学"、"识字学校"等纳入各阶段学制体系中，使新中国成立初期全民提高文化知识水平的普及教育有了制度保障。通过实施这些办法，新中国成立初期我国小学和中学规模得到稳步扩大，学龄儿童入学率从 1949 年的 20% 增长到 1964 年的 84.7%（中国教育年鉴编辑部，1984）[126]。

第二阶段是普及与提高兼顾阶段（1962 年至 1985 年）。这个阶段，国家经历了"文化大革命"、"拨乱反正"及改革开放初期等重大历史事件。在努力普及初等和中等教育的过程中，为了提高教育质量，国家启动了重点小学和重点中学的建设项目，以此带动中小学普及。国家先后于 1962 年 12 月 21 日下发《关于有重点地办好一批全日制中、小学校的通知》，1978 年 1 月 13 日颁发《关于办好一批重点中小学试行方案》，1980 年 10 月 14 日印发《关于分期分批办好重点中学的决定》。与此同时，"普及"依然是基础教育的重要主题，中共中央、国务院于 1980 年 12 月发布了《关于普及小学教育若干问题的决定》，1983 年 5 月教育部发出《关于普及初等教育基本要求的暂行规定》，中共中央、国务院发出《关于加强和改革农村学校教育若干问题的通知》。这些政策体现了国家基础教育政策在"普及"和"提高"两种价值取向中抉择的过程。

第三阶段是依法普及义务教育，扫除青壮年文盲阶段（"普九"和"两基"阶段）（1985 年至 2000 年）。1985 年 5 月，改革开放后第一次全国教育工作会议召开，颁布了《中共中央关于教育体制改革的决定》（以下简称《决定》）。《决定》提出"实行九年制义务教育"的目标。1986 年 4 月 12 日第六届全国人民代表大会通过了《中华人民共和国义务教育法》（以下简称《义务教育法》）。《决定》和《义务教育法》中实事求是地对各地义务教育发展提出了阶段性目标要求，指出全国

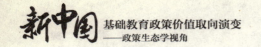

可以大致划分为三类地区：一是约占全国人口四分之一的发达地区，在 1990 年左右完成；二是约占全国人口一半的中等发达地区，在 1995 年左右普及初中阶段的基础教育；三是约占全国人口四分之一的经济落后地区，国家尽力给予支援。"普九"和"两基"工作是这一阶段国家基础教育政策的历史性任务。到 20 世纪末，我国东部发达地区和中等发达地区已经基本完成"普九"任务。但义务教育总体发展水平还相对较低，地区间、校际教育质量差异较大。

在这种背景下，从 21 世纪初开始，我国义务教育发展进入第四个阶段，即逐步推进义务教育均衡发展阶段。义务教育均衡发展政策起源于"普九"过程中形成的地区差异、城乡差异和校际差异的实践现状，为了解决这些义务教育发展中的差异，国家逐步形成了"均衡发展"的政策概念。2005 年 5 月，教育部颁布《关于进一步推进义务教育均衡发展的若干意见》。2006 年 6 月修订的《中华人民共和国义务教育法》以法律的形式提出"义务教育均衡发展"。此后，《国家中长期教育改革和发展规划纲要（2010—2020 年）》也将推进义务教育均衡发展作为目标写进文件。2011 年，教育部与各省级人民政府签署了到 2020 年前实现县域义务教育达到基本均衡发展目标的备忘录。2012 年，国务院出台《关于深入推进义务教育均衡发展的意见》，标志着我国推进义务教育均衡发展进入新的历史时期。

从我国义务教育发展的历史阶段可以看出，义务教育的发展一直是国家教育政策的重要内容，一直在规模普及与质量提高的二维目标中抉择与努力。义务教育均衡发展是这种抉择和努力的历史结果，因此也就承担着进一步保障义务教育普及规模和进一步提高义务教育质量的历史任务。

二、我国义务教育均衡发展的一般阶段性分析

由于我国义务教育均衡发展是建立在发展不平衡基础上的发展过

程，因此义务教育均衡发展必然要通过阶段性发展策略逐步实现。目前，根据国家对义务教育的评价政策和各省级教育行政部门推进义务教育均衡发展的策略，义务教育均衡发展大体可以分为四个阶段：第一阶段是实现义务教育初步均衡发展阶段；第二阶段是实现义务教育基本均衡发展阶段；第三阶段是实现义务教育优质均衡发展阶段；第四阶段是保持义务教育持续均衡发展阶段。

实现义务教育初步均衡发展阶段的主要任务是，在完成"普九"任务基础上，进一步实现义务教育阶段学校办学条件的相对均衡。普及九年义务教育阶段，各级政府和教育行政部门的主要任务是低标准保证适龄儿童"有学上"的基本条件。这一过程中，各地因地制宜建立了不同条件标准的学校，有的学校相对简陋，办学条件相对艰苦。因此，后"普九"时代的第一任务就是实现各地区义务教育学校的办学条件，尤其是办学硬件条件的相对均衡。为实现这一目标，各省级教育行政部门都根据各省的实际情况，制定了《义务教育学校办学条件标准》或《中小学办学条件标准》，通过实施中小学办学条件达标工程来实现义务教育学校办学条件的均衡。绝大部分发达地区和中等发达地区在2005年前后，基本实现义务教育学校达标，实现了初步均衡的目标，其他相对欠发达地区也基本在2010年前后通过各种方式实现了这一目标。尤其是2008年以后实施的"中小学校舍安全工程"对中小学办学条件达标起到了促进作用。

实现义务教育基本均衡发展阶段的主要任务是，在实现义务教育阶段学校办学条件相对均衡的基础上，进一步规范学校办学，实现学校办学行为和质量的相对均衡。义务教育发展不平衡的另一个表现是，学校招生、教学、考试、教师工资待遇等办学行为不平衡，造成义务教育学校的质量和办学水平不均衡。因此实现学校生源、教师的均衡和办学行为的规范，成为实现义务教育学校基本均衡的关键任务。为此，2011年教育部与各省级人民政府签署的到2020年前实现县域义务教育达到基本均衡发展目标的备忘录中，着重强调了通过体制机制建

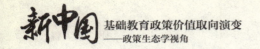

设，规范义务教育阶段学校办学行为，实现学校生源和教师水平的相对均衡。2010 年以后，全国实施了义务教育学校教师绩效工资制度改革，为义务教育学校间教师工资待遇的相对均衡提供了制度保证，为义务教育学校师资均衡奠定了物质条件基础。

实现义务教育优质均衡发展阶段的主要任务是，在办学条件和办学行为与质量均衡发展的基础上，实现学校办学水平和办学品牌的相对均衡。义务教育阶段学校发展不均衡的另一个重要表现是学校的办学质量和办学品牌影响的差异，尤其在发达城市地区，这种差异尤为明显。产生这种差异的根本原因是历史上出台的一系列重点中小学建设政策。我国从 20 世纪 60 年代到 80 年代初，为了在普及初等教育的基础上，提高中小学办学水平，建设了一批起到引领性作用的中小学校，曾经出台了若干个办好重点中小学的政策。这些由政策确定的重点中小学，虽然后来逐步取消了重点名号，但实际上这些学校享受了近半个世纪的优惠办学政策和社会资源支持，成为现在各地办学的名校和品牌学校。从当时的历史情况看，重点中小学建设对提升我国基础教育办学水平起到了引领作用，是积极的教育政策，但从当前促进义务教育均衡发展的目标来看，要解决历史上形成的学校品牌和办学水平差异就成为重要的政策难题。为此，各地探索了很多补偿性机制，促进义务教育学校办学水平和品牌均衡，如"名校办分校"、"学校手拉手"、"品牌学校联盟或集团"等创新机制，扩大品牌学校对其他学校的反哺作用，从而扩大优质品牌学校的比例和供给。此外，有的地区还通过学校特色建设或新优质学校建设等办法，促进新的办学品牌学校的发展，以实现高质量义务教育办学品牌的相对均衡，实现义务教育优质均衡发展。

保持义务教育持续均衡发展阶段的主要任务是，在实现义务教育学校办学条件、办学行为、办学力量和办学品牌均衡发展的基础上，建立保证义务教育学校持续均衡的机制，并逐步拓展实现区（县）域间义务教育均衡发展的体制机制。目前可以预计，当我国义务教育学校通过实现基本均衡，再逐步达到优质均衡后，存在一个重要的政策平台期。这一时期的主要任务是保证义务教育已经实现的均衡发展状态得到持续发展。我们把这一个阶段称为持续均衡发展阶段。义务教育持续均衡发展也需要政策保证。主要的保证性政策应包括：建立义务教育均衡发展的常规督导评价制度，确保各级政府对义务教育均衡发展政策的落实；建立义务教育学校效益评价制度，从制度上保证义务教育学校投入产出的效益，提高投入的效能，形成对学校教育效益和绩效水平均衡的评价机制。实现义务教育持续均衡发展，还要经受各地区办学需求变化的挑战，如生源突然增加或减少，教育经费因经济原因得不到有效保障等。持续均衡的义务教育发展政策应能应对这些挑战，并能保证教育资源得到均衡分配。

当各级政府和学校形成了义务教育均衡发展的自觉理念和管理文化后，义务教育均衡发展将成为一种国家教育文化，成为国家教育现代化标志。那时，义务教育均衡发展将不再成为国家义务教育政策重点关注的问题，国家义务教育发展将进入后均衡时代。

三、我国义务教育均衡发展阶段性的价值分析

从以上我国义务教育均衡发展的历史背景和发展阶段分析可以看出，我国义务教育发展经历了漫长的发展阶段和逐步完善的发展过程。我国义务教育经历阶段性发展过程的主要原因，一是受经济发展的客观因素制约，二是受政策制定者主观价值取向影响。

首先，经济发展是制约义务教育发展的主要客观因素。"以县为主"的管理体制是我国义务教育发展的基本行政制度。因此，义务教育的学校设立和经费投入主要依靠县级人民政府。各地县级财政的差异必然造成各地义务教育学校经费投入的差异，这是造成县域间义务教育差异的主要原因。此外，不同发展阶段各地经济水平的发展变化是造成义务教育发展阶段性的主要原因。以北京市为例，新世纪以来，

北京市义务教育经费投入大幅增长。通过市教委对外公布的统计数据可以了解到，北京市小学生均教育事业费和生均公用经费分别从 2001 年的 2437.81 元和 566.92 元，增长到 2011 年的 18494.11 元和 8719.44 元。初中生均教育事业费和生均公用经费本分别从 2001 年的 2840.43 元和 871.95 元增长到 2011 年的 25828.16 元和 11241.78 元（见表1）。11 年间，小学教育事业费增长了 6.59 倍，小学生均公用经费增长了 14.38 倍；初中教育事业费增长了 8.09 倍，初中生均公用经费增长了 11.89 倍。义务教育经费的稳定增长为义务教育均衡发展提供了经费保障。在教育经费投入的制约下，北京市义务教育均衡发展也经历了从 2005 年以前的初步均衡发展阶段（生均教育公用经费达到 1000 元，完成学校办学条件达标工程），到 2006 年以后逐步实现基本均衡的阶段，先后启动了"初中建设工程"、"小学规范化建设工程"等整体推进均衡发展的策略。2011 年以后，北京市义务教育在全面推进基本均衡的基础上，逐步启动优质均衡的带动策略。这些阶段性的发展策略得益于北京市对义务教育投入的增长。

表1　北京市 2001—2011 年义务教育阶段生均教育经费统计

| 年　　份 | 2001 | 2002 | 2003 | 2004 | 2005 | 2006 |
	2007	2008	2009	2010	2011	
小学生均事业费（元）	2437.81	2891.43	3348.24	4163.26	4619.52	5401.01
	7316.16	10111.51	11662.02	14482.39	18494.11	
小学生均公用经费（元）	566.92	667.95	860.51	984.52	1235.88	1619.42
	2951.59	4271.47	4722.87	5836.99	8719.44	
初中生均事业费（元）	2840.43	3273.16	3680.73	4598.85	5515.76	7063.76
	10402.03	13224.85	15581.06	20023.04	25828.16	
初中生均公用经费（元）	871.95	1064.74	1210.37	1356.36	1794.44	2460.80
	5018.37	5796.73	6352.23	8247.66	11241.78	

注：数据来源于北京市教委网站。

其次，政策制定者的价值取向决定义务教育发展政策的选择。在有限的经费投入条件下，教育行政部门经费的投入方向是与其教育价值取向相关的。是更加注重义务教育的普及和公平，还是更加注重义务教育的质量和效率？这是一个艰难的选择。从新中国成立以来义务教育发展的各个阶段看，我国各级政府都非常重视义务教育的普及水平，义务教育经费的主要投入方向是普及和公平。正是由于这样的价值取向，我国在 60 年左右的时间里，用相对较少的经费投入，完成了世界义务教育人口最多的义务教育普及任务。在普及义务教育的过程中，国家教育政策还兼顾了义务教育发展的水平和质量，从 20 世纪 60 年代开始通过倾斜政策建设了一批重点中小学，保证了国家优秀拔尖人才的培养质量。

进入新世纪，义务教育均衡发展政策的提出使各级教育行政部门再次面临新的价值选择。义务教育均衡发展政策的直接价值选择指向教育公平，而这种教育公平目标的基础是不公平的教育现状，要解决这种不公平的现状，就要建立促进公平的发展机制，这又要依靠质量提升、补偿机制等效率价值取向的政策手段。因此，义务教育均衡发展政策表面上体现的是促进"公平"的价值取向，而实质是要依靠提高"效率"的手段来实现。从这个意义上说，均衡发展政策是"效率"与"公平"二元价值取向的统一体，是二维对立价值取向的有机融合，是"均衡"与"发展"目标与策略的有效整合，任何偏废一种价值的实践行为都无法根本实现均衡发展的政策目标。这也可以理解为，均衡是发展的目的，发展促进均衡；均衡依靠发展，发展为了均衡；均衡是阶段性的，发展是永恒的；均衡是为了再发展，发展是为了更高水平的均衡。

为了进一步理清义务教育均衡发展的价值关系，我们要回到价值哲学层面，进一步分析义务教育均衡发展的价值归因。价值哲学认为，价值是客体对主体的意义或有用性。价值是关系范畴和属性范畴的综合体，它是客体功能属性对主体需要的满足关系（袁贵仁，2013）[16-28]。教育价值是教育作为客体对教育主体需要的满足关系。在教育实践中，由于教育实践主体对教育客体的需求不同，表现出教育主体的不同教育价值选择和价值取向。这些教育实践主体的教育价值取向直接或间接在教育实践中影响教育行为。从教育价值的关系范畴看，义务教育均衡发展的"公平"价值取向，体现了对社会关系中教育资源的公平分配诉求，是对社会公众整体义务教育需求的满足关系，因此是社会性的教育价值取向；义务教育均衡发展的"效率"价值取向，是对政府和社会群体对教育质量需求的满足关系，体现了促进义务教育质量提升的经济性价值取向，其目标是通过政府对义务教育的有效投入，提高教育发展水平，尤其提高义务教育薄弱学校和地区的发展水平，实现教育均衡的目标。从价值哲学分析来看，义务教育均衡发展中的"公平"价值是教育的社会关系范畴的价值属性，而"效率"价值是教育的政府经济关系范畴的价值属性，二者不是同一范畴的价值，因此不具有可比性。这就是在我国义务教育发展政策中，始终兼顾"效率"与"公平"二元价值取向的根本原因。

对均衡发展政策中公平与效率问题的厘清，有利于进一步明确均衡发展的基本思路，避免在实践中出现"削峰填谷"、"拆强扶弱"等背离发展规律的事情，有利于建立推进薄弱区域、领域快速发展的补偿性机制，有利于发挥优质资源辐射带动作用。

四、我国县域义务教育均衡发展阶段性的价值选择和策略

从全国来看，各地区经济发展水平和义务教育经费投入差异依然非常显著。这说明我国义务教育均衡发展存在着各地发展阶段不同步的现状。从教育部公布的统计数据看，全国各省、自治区、直辖市中，2011 年全国小学生均公用经费和生均教育事业费投入最高的为8719.44 元和18494.11 元，投入最低的为 834.21 元和 2736.91 元；初中生均公用经费和生均教育事业费投入最高的为 11241.78 元和25828.16 元，投入最低的为 1175.52 元和 4907.10 元。小学和初中生

均公用经费最高与最低的相差 10 倍左右。小学生均公用经费低于 1000 元的有 5 个省份，1000—2000 元的有 20 个省份，2000—3000 元的有 4 个省份，北京和上海高于 5000 元，分别是 8719.44 元和 5369.22 元。初中生均公用经费低于 2000 元的有 15 个省份，2000—4000 元的有 14 个省份，超过 5000 元的依然是北京和上海，分别为 11241.78 元和 6837.76 元。① 2011 年的义务教育经费统计数字具有历史性意义，一是因为全国所有省、自治区、直辖市都开始实施义务教育教师绩效工资制度，二是因为推进义务教育均衡发展进入政府问责阶段，因此各级政府对义务教育经费投入进入了政府硬性任务时代。这为保证义务教育均衡发展奠定了财政基础。但从以上义务教育学校生均经费投入数据看，各地义务教育生均教育经费依然具有显著差异，这说明实现义务教育均衡发展还要经过比较艰难的过程。

有效把握义务教育均衡发展阶段性的价值归因，有利于统筹好义务教育经费有效投入与义务教育均衡发展的关系，实现义务教育均衡的跨越式发展。首先，从义务教育均衡发展的阶段看，无论哪个阶段，教育政策都应兼顾"效率"与"公平"的价值取向；其次，鉴于各地义务教育经费投入的差异，不同发展阶段的义务教育均衡发展策略应有所调整。

从经费投入看，目前小学生均公用经费低于 1000 元和初中生均公用经费低于 2000 元的省、自治区、直辖市的义务教育投入还处于相对较低水平，基本相当于北京和上海 10 年前的水平，这些地区实施义务教育均衡发展显然有着一定的经济压力。但由于 2011 年实施了义务教育学校教师绩效工资制度，这些地区义务教育的发展情况又与北京和上海 10 年前的情况有所不同。其中教师的绩效工资得到了落实，作为均衡发展基础的教师待遇均衡有了保障，这比 10 年前就有很大进步。这种情况下，这些地区义务教育公用经费投入基本能保证学校正常运

---

① 数据来源于《教育部、国家统计局、财政部关于 2011 年全国教育经费执行情况统计公告》。

行，但从经费投入上调整学校办学条件差异的能力就相对较弱。从价值取向看，教育经费政策确保相对公平的取向能够基本得到保证，但提升发展效率尤其是提升补偿性发展效率的能力较弱，容易造成"削峰填谷"的现象。要实现义务教育均衡的跨越式发展，这些地区可以从非经费投入性政策开始同步推进。如在规范学校办学行为、提升学校管理水平方面实施跨越性政策，为实现义务教育基本均衡奠定基础；待义务教育经费投入逐步提高后，再实施办学条件补偿性发展策略，提高相对薄弱学校办学条件和办学质量的发展效率。这种策略可以使经济基础相对薄弱地区实现义务教育初步均衡和基本均衡阶段的平行发展，提高推进义务教育均衡发展的效率。

对于小学生均公用经费在 1000—3000 元，初中生均公用经费在 2000—4000 元的地区，教育经费投入处于中等发展水平。这些地区的义务教育经费在保证学校基本运行的基础上，还能实施均衡发展的补偿性投入，以调整办学条件的差异。这些地区基本具备实现义务教育基本均衡的经济基础。在教育政策上有能力兼顾"公平"和"效率"二元价值取向。他们所面临的问题将是进一步创新机制，促进义务教育学校办学品牌和水平的均衡。

对于北京和上海这样的经济发达地区来说，虽然义务教育投入已经达到相当高的水平，但依然面临制约义务教育均衡发展的诸多难题。这些地区经费投入能够支持补偿性投入，实现义务教育阶段学校办学条件的相对均衡，也能够通过规范办学行为实现学校管理水平等的相对均衡。但历史上形成的义务教育学校品牌的不均衡、外来人口大量涌入等问题造成教育资源供给相对紧张和不可预测。人口和学校相对集中以及学校品牌影响力差异造成的义务教育择校现象等，成为这些城市推进义务教育均衡发展的瓶颈。为此，北京和上海等发达地区需探索更多的兼顾"效率"补偿与"公平"发展的策略，创造性地推进义务教育优质均衡发展。如北京市实施的"名校办分校"等优质品牌学校组团化发展策略、通过学校特色建设发展新型优质学校策略，上海实施的新优质学校策略等，都是推进义务教育发展的有效的补偿性策略，取得了较好的效果。

总之，义务教育均衡发展已经成为我国新时期基础教育发展的重要主题之一。准确分析和统筹义务教育均衡发展政策的二元价值取向，把握义务教育均衡发展各阶段的价值归因，对制定义务教育均衡发展的有效实施策略具有基础性和指导性意义。

参考文献

袁贵仁 . 2013. 价值观的理论与实践：价值观若干问题思考［M］. 北京：北京师范大学出版社 .

中国教育年鉴编辑部 . 1984. 中国教育年鉴（1949—1981）［M］. 北京：中国大百科全书出版社 .

■ 索 引

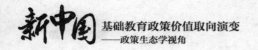

■ 后　记

实践与思考伴随着我近 20 年的教育工作。其中的教育感悟一直推动我不断思考和研究。正是这种动力促使我再回到母校东北师范大学，开始我历经五年的博士研究历程。这期间，我经历了工作变动和健康考验等人生历练。而博士学习与研究不仅使我在读书中找到一种执着和平静的心态，来面对一次次人生的挑战，也让我结识了那些让我终生感恩、给予我精神支持的良师益友。

感谢我的导师柏维春教授。他的严谨治学与平易的风格，一直在默默影响着我的学习和研究；他的宽容与体贴也一直让我感动，并成为我努力做好研究的最大动力。能师从柏老师，是我人生的幸运，他的治学与做人的准则将是我一生学习的教科书。

感谢刘彤教授、田克勤教授等东北师范大学政法学院老师在我学习和论文写作过程中给予的指导帮助。这个和谐的学术团队，始终让我感受师长般温暖，他们对我的帮助和影响，我将永远深记心中。

感谢苏忠民教授，他的科研管理和理科研究的功底，给予我更多的跨学科研究和宏观研究的视野与启发，对我选择一个跨学科研究的课题具有很大帮助。

感谢王东昱、于海峰、周增宇等同学的陪伴、鼓励和支持。这种陪伴、鼓励和支持让学习生活丰富多彩，尤其是同学间的交流分享了大家的智慧，让我的研究有了更多的基础。感谢教育部基础教育一司陈东升处长帮我查找文献。

感谢我的家人，他们是我顺利完成学习的保障。

本研究写作过程中，我受北京师范大学董奇校长委托，参与主持了国家体制改革项目"推进城区义务教育学校均衡发展"（项目批准号：02-101-002）。本书中关于新中国教育政策的研究为义务教育均衡发展的政策研究奠定了理论基础。在此向董奇教授的信任和项目团队的乔树萍老师、王耘教授、成刚教授等同事表示感谢。

在我的导师和北京教育学院各位同仁的鼓励下，我对博士论文进行了部分修改，最终以此书奉献给各位。在北京教育学院从事基础教育干部培训工作的过程中，也深感基础教育干部对教育政策相关研究的渴望。一方面教育实践过程就是教育政策的执行过程，用科学的方法进行教育政策分析有利于做好教育政策的执行。另一方面，当前的教育政策与教育政策的历史紧密相关，因此从历史的角度研究教育政策，为基层教育实践者提供了一个有利视角，有利于基础教育管理者客观分析当前政策环境和政策目标。希望本人的这方面研究会给基础教育政策研究者和一线的教育管理者提供一些参考。这将是我最大的欣慰。

感谢高鸿源教授和柏维春教授对本书的审读和指导。感谢教育科学出版社各位编辑的修改。感谢清华大学教育研究院素质教育研究中心对本书出版的支持。

最后对本书写作过程中引用参考的文献作者表示感谢。文中尽量注明引用出处，并在参考文献中列出，不规范和疏漏之处敬请批评指正。

杨志成

2014 年 10 月 16 日

出 版 人 所广一
责任编辑 翁绮睿 刘明堂
版式设计 博祥图文 沈晓萌
责任校对 贾静芳
责任印制 叶小峰

图书在版编目（CIP）数据

新中国基础教育政策价值取向演变：政策生态学视
角/杨志成著. —北京：教育科学出版社，2015.9（2015.11 重印）
ISBN 978－7－5041－9797－9

Ⅰ.①新… Ⅱ.①杨… Ⅲ.①基础教育—教育政策—
研究—中国 Ⅳ.①G639.20

中国版本图书馆 CIP 数据核字（2015）第 172625 号

新中国基础教育政策价值取向演变——政策生态学视角
XINZHONGGUO JICHU JIAOYU ZHENGCE JIAZHI QUXIANG YANBIAN
——ZHENGCE SHENGTAIXUE SHIJIAO

出版发行	**教育科学出版社**			
社 址	北京·朝阳区安慧北里安园甲 9 号	**市场部电话**	010－64989009	
邮 编	100101	**编辑部电话**	010－64989421	
传 真	010－64891796	**网 址**	http://www.esph.com.cn	
经 销	各地新华书店			
制 作	北京博祥图文设计中心			
印 刷	北京易丰印捷科技股份有限公司			
开 本	169 毫米×239 毫米 16 开	**版 次**	2015 年 9 月第 1 版	
印 张	13.5	**印 次**	2015 年 11 月第 2 次印刷	
字 数	177 千	**定 价**	36.00 元	

如有印装质量问题，请到所购图书销售部门联系调换。